T0380671

CONFIGURACIÓN ORIGINAL

CONVÍERTETE EN UN INGENIERO INTERIOR DE TU MENTE Y ALMA

JORGE L. CABAN

WestBow
PRESS®
A DIVISION OF THOMAS NELSON
& ZONDERVAN

Puede hacer pedidos de libros de WestBow Press en librerías o poniéndose en contacto con:

WestBow Press
A Division of Thomas Nelson & Zondervan
1663 Liberty Drive
Bloomington, IN 47403
www.westbowpress.com
1 (866) 928-1240

ISBN: 979-8-3850-2348-6 (tapa blanda)
ISBN: 979-8-3850-2349-3 (libro electrónico)

Número de Control de la Biblioteca del Congreso: 2024907609

Información sobre impresión disponible en la última página.

Fecha de revisión de WestBow Press: 05/09/2024

CONTENTS

Introducción..ix

Chapter 1   El creador creó la creación para crear.. 1

Chapter 2   Cultivar el jardín de nuestros corazones...................................... 13

Chapter 3   Los mundos interiores 21

Chapter 4   La concepción del yo.. 38

Chapter 5   Brujas, hechiceros y ocultismo... 44

Chapter 6   La prueba está en el pudín.. 53

Chapter 7   La conversación interior crea la realidad..................................... 62

Chapter 8   El estar al tanto de tu alrededor 67

Chapter 9   Códigos de acceso y programas... 78

Chapter 10   El arte de Harpu 87

Chapter 11   Práctica diurna y nocturna del harpu 98

Chapter 12   Programando tú corazón 122

INTRODUCCIÓN

Me llamo Jorge L. Caban y me siento obligado a compartir el increíble viaje que me llevó a escribir este libro. Todo comenzó en 2016 cuando, durante un período de profunda oración y ayuno, recibí una directiva divina del Señor. Me indicó que me embarcara en un ayuno de 21 días, completamente solo, y que empezara a escribir. Y así, con una fe inquebrantable, comencé esta extraordinaria tarea.

Las primeras palabras que brotaron de mi pluma fueron el título del libro: Configuración original. En aquel momento no imaginaba que estas sesiones de escritura se convertirían en una parte habitual de mi vida. Al comienzo de cada año, se me pedía que me apartara y continuara con esta práctica sagrada. En el transcurso de los siete años siguientes, realicé cinco ayunos de 21 días en agua, uno de 30 días sólo en agua e incluso uno de 40 días en Costa Rica, también sólo en agua.

Es a través de esta profunda búsqueda de la verdad, durante esos momentos de devota introspección y conexión con lo divino, que las revelaciones para este libro tomaron forma. Los profundos conocimientos y la sabiduría adquiridos durante estos periodos de ayuno y escritura se han convertido en la base de Configuración original.

Mi historia personal, que es el combustible de este libro, comenzó en Newark, Nueva Jersey, donde mis experiencias darían un giro significativo a mi entorno a una edad muy temprana. Trasladarse de una comunidad muy unida a otra zona supuso muchos cambios culturales y económicos. Fue una transición difícil, sobre todo durante mis años de formación, cuando ansiaba independencia y libertad.

Durante este tiempo, me enfrenté a numerosas dificultades que cambiarían la trayectoria de mi vida. Desde que se metían conmigo hasta que sufría acoso escolar e incluso agresiones físicas, el mundo parecía un campo de batalla constante. Hizo mella en mi carácter y me transformó en un superviviente, siempre en guardia, siempre esperando un ataque en cada esquina. Por desgracia, viviré mi vida de esta forma durante muchos años.

Hace poco descubrí que el trauma emocional no es lo que me hizo ser así, sino la incapacidad de procesar esas emociones. Comprendiendo eso ahora, puedo ver la versión de niño pequeño de mí mismo haciendo lo mejor que podía con las herramientas que tenía en mano. Me convertí en esa persona rígida, de corazón duro y sin emociones que se convertiría en un hombre que albergaba todos esos atributos negativos que no sabía cómo cambiar.

Mi nuevo entorno en Central Newark alteró rápidamente el rumbo de mi vida y me condujo por un callejón que acabaría llevándome a las drogas a los dieciséis años, en un intento de escapar de mi trauma emocional. Desarrollé mecanismos de afrontamiento que destruirían los siguientes diez años de mi vida. Empecé a fumar marihuana y posteriormente a vender para continuar con mi hábito. Me adentré más en el mundo de las drogas y rápidamente pasé a consumir heroína. Me encontré en edificios abandonados al azar. Lo perdí todo, incluida mi familia y mis seres queridos. Por desgracia, tuve que sufrir casi una sobredosis en una habitación de hotel para decidir que tenía que cambiar de vida y buscar ayuda. Me di cuenta que ese no era el plan original de Dios para mí.

Seguí el programa de 12 pasos de Narcóticos Anónimos y pasé dos años en el norte del estado de Nueva York en un programa llamado Ejército de Salvación. Tras completar estos dos hitos, por fin tuve fuerzas suficientes para volver y enfrentarme a mis demonios en mi ciudad natal, Central Newark. Al regresar, pude empezar a dar luz las zonas oscuras de mi vida y a restaurar todo lo que había perdido, pero seguía sintiendo que me faltaba algo, concretamente en mi vida espiritual. Sabía de Dios, pero no lo conocía de verdad.

En mi viaje espiritual, me sumergí en la brujería a los 26 años y continué practicándola durante 10 años. Estaba contento realizando rituales y me sentía satisfecho con mi espiritualidad hasta que empecé a ver lados oscuros de mí arrastrándose desde el pasado, concretamente mi adicción. Recuerdo que viajando a la República Dominicana, Para lo que sería la última vez que visite a la médium, le dije "Había un lugar vacío en mi corazón ¿cuál de los santos puede llenar ese vacío?" Su respuesta fue: "No tengo a nadie para ello", lo que marcó un punto de inflexión para mí que me llevó a empezar a buscar a alguien que pudiera llenarme.

Cuando regresé de la República Dominicana, supliqué a Dios y le dije: "Si eres real, ven a buscarme". Por desesperación, yo era una oveja perdida llamando a su pastor. En ese momento, sentí como si me soltaran la boca para gritar el grito de mi corazón. Durante los siete días siguientes en mi casa, mi cama temblaba esporádicamente, las puertas se abrían y cerraban solas, el grifo del lavabo se abría sin estar abierto y la televisión se encendía sola a las 3 de la madrugada. Parecía una película del exorcista. Mi hijo de entonces, de 12 años, puede dar fe de estos encuentros espirituales. Llevaba casi siete días sin dormir. Tomaba diez pastillas de Advil PM y seguía teniendo problemas para conciliar el sueño. Después de esa semana, recuerdo que me dispuse a dar un paseo para intentar despejar la mente. Cuando salí de mi casa, cruzando la calle. Inmediatamente me recibió una mujer en un Ford Explorer Coup rojo de 1999. Bajó la ventanilla del coche y dijo: "Me has llamado, aquí estoy". Cuando la escuché decir esas palabras, mi cuerpo se estremeció como si mi espíritu reconociera la voz. Continuó hablándome de la oficina donde trabajaba y de los santos a los que rendía culto, mencionando a cada uno por su nombre. Me habló de la comida que me provocaba ardor de estómago e incluso describió a las dos mujeres de mi vida, diciendo que una tenía la piel oscura, mientras que la otra la tenía clara. Dijo que la mujer de piel oscura es con la que tengo un hijo, mientras que actualmente estoy con otra mujer pelirroja. Pueden imaginarse mi reacción. Después, intercambié algunas palabras más con esta misterioso profeta. Me dijo que volvería a las 7:30 p.m. para recogerme e ir con ella a la iglesia. Por alguna razón, nunca entenderé del todo por qué acepté ir con ella, pero lo hice porque internamente me vi obligado a hacerlo. Y esta loca historia es como comenzó mi viaje con Dios. Y vaya viaje ha sido volver a mi configuración original.

Mi transformación se produjo cuando experimenté un estrecho camino con Dios en la intimidad, donde me di cuenta que hay capas en el trauma y tuve que cavar a través de estas capas para experimentar verdaderamente la libertad de Dios. Una de las formas en que empecé a indagar en mi oscuro pasado fue rezando y ayunando y, con el tiempo, escuchando la voz de Dios y siguiendo instrucciones. Una de las instrucciones era que me invitarían a la República Dominicana y debía aceptar la invitación. Mientras estaba allí, Dios me dio instrucciones específicas de subir a una montaña y orar a medianoche. La montaña a la que ascendimos se llamaba la montaña de la liberación. En ese viaje de senderismo, la Biblia se me torno en una realidad. La historia de un hombre que chillaba como un cerdo y era liberado de espíritus malignos ya no era más que un pasaje. Me convertí en ese hombre chillando como un cerdo mientras era liberado sobrenaturalmente de fuerzas oscuras dentro de mí. Pero incluso dentro del estado de ser cambiado del reino de las tinieblas al reino de la luz, sentí en mi corazón que había algo más. Creo que Dios pone en nosotros un hambre, un deseo de Él para que sigamos buscándole. Porque en el libro bíblico de Jeremías, dice búsquenlo, y lo encontrarán cuando lo busquen de todo corazón.

El viaje no termina ahí, otro encuentro que cambió mi vida y me ayudó a ser testigo de la libertad de Dios y a dar a luz este libro ocurrió cuando me fui a Wellsprings Ministries. Tengo un amigo al que llamo Profeta Chris Allen, a quien Dios utilizó para guiarme en la dirección correcta. Un día se puso en contacto conmigo y me pidió que comiéramos juntos. Mientras estábamos sentados comiendo, se volvió hacia mí y me dijo que había un sitio al que quería que fuera. Mi conversación interna estaba revestida de curiosidad mientras me preguntaba qué iba a preguntarme. Me dijo: "Fui a una escuela de sanación en

Alaska que tiene que ver con un nivel más profundo de libertad. Allí me transformé. Dios te ha llamado para la liberación, para ayudar a liberar a la gente emocionalmente, así que creo que Dios quiere llevarte allí. Y quiero que acudas". Lo miré y le dije: "Estás loco", y le cambié oficialmente el nombre a Chris el loco. Insistí en que no iba a ir a Alaska y empecé a enumerar las razones por las que no podía. "No estoy en condiciones de ir a Alaska. No puedo permitírmelo. No tengo a nadie allí, hace frío y no iré. Por favor, no me lo pidas otra vez". Afortunadamente, seguimos reuniéndonos y hablando de este posible viaje a Alaska. Durante nuestro cuarto almuerzo, Chris sacó su computadora y me pidió mis datos de contacto, incluida mi dirección. Poco sabía yo, que él estaba reservando mi lugar para Alaska y este viaje que catapultaría mi vida, mi ministerio y mi bienestar.

Cuando llegué, seguí quejándome. Me costaba adaptarme al clima y seguía discutiendo con Chris por obligarme a ir a Alaska, pero en el fondo sabía que era donde Dios quería que estuviera en ese momento. Después de la orientación del primer día, intenté estar más presente y dejar atrás mi ego, mi terquedad y mis quejas. Durante las clases, me sentaba y escuchaba, y como tenía mucho tiempo a solas, podía aplicar lo que iba aprendiendo. ¿Podría ser que éste fuera el eslabón que me faltaba para completar lo que Dios quería hacer a través de mi vida?

Al tercer día, empecé a escuchar enseñanzas sobre cómo el Espíritu Santo es un consejero y cómo el Espíritu Santo puede mostrarte la verdad de la que no eres consciente. Fue la primera vez en mi vida que me enseñaron que el Espíritu Santo trabajaba de esa forma internamente, no sólo externamente. Así que, como un niño pequeño que aprende algo nuevo, me fui a mi habitación y empecé a pedir al Espíritu Santo que abordara internamente los problemas a los que me había enfrentado toda mi vida. En mi avatar los llamaba fallos. Esos fallos son botones sobre los que todos sentimos que no tenemos control. Empecé con ira. Ahora, era considerablemente pasivo como persona, pero algunas áreas de mi vida seguían siendo oscuras. Siempre digo que mucha gente tiene el 80% de su corazón en la luz, pero a menudo existe un 20% que aún tiene algo de oscuridad, normalmente caracterizada por mentiras que creemos verdaderas. Era medianoche de mi cuarto día en Alaska y le hice al Espíritu Santo la siguiente pregunta: "Espíritu Santo, muéstrame tu verdad sobre la ira...". La experiencia que tuve en mi habitación fue extraña.

Durante tres horas, estuve de rodillas, y el Espíritu Santo me llevó de regreso a cuando tenía diez años, la primera vez que me enfrenté a un trauma. Incluso pude ver las pintadas en las paredes de mi barrio de Newark. Era tan detallado como si alguien hubiera hecho una grabación en vídeo de mi vida y hubiera decidido rebobinarla y reproducirla 30 años después. Me vinieron a la mente personas concretas. Recordé sus nombres y sus rostros y lo que me hicieron. Podía sentir al Espíritu Santo diciéndome que necesitaba perdonarlos y liberarlos. Necesitaba dejarlos ir porque la única persona esclavizada era yo mismo.

Seguí asistiendo a las clases y a menudo me sentía como una esponja. Intenté absorber todo lo que pude y volví empapado de sabiduría. En la institución me certificaron como sanador interior y me sentí bastante seguro de haber cambiado de forma irreversible, pero la mayor prueba ocurrió cuando regresé de Alaska una semana después. Tengo propiedades en Newark y tuve que dirigirme a alguien que necesitaba pagarme un alquiler que estaba atrasado. Veía a la persona y, por lo general, el Jorge no curado y viejo estaba listo para atacarlo porque todavía estaba operando sobre el trauma congelado del Jorge de diez años del pasado. Habría abordado este asunto con fuerza, pero le pregunté a la persona que me debía dinero si podíamos hablar en el pasillo. Si estás familiarizado con las zonas urbanas, normalmente cuando alguien te llama a un pasillo, no entras, pero él lo hizo. No había ningún atisbo de ira en mis palabras, sólo compasión y empatía hacia él. Continuó contándome que en un momento dado fue ministro de Dios, pero que perdió el rumbo. Su vida se desvió hacia las drogas y la adicción. Después que compartiera esto conmigo, simplemente le pregunté si quería ayuda con sus problemas, e inmediatamente respondió: "Sí, lo que haga falta". Le conseguí un boleto a Florida para ir a un centro de rehabilitación. Terminó el centro de rehabilitación después de un año y, hoy, sigue libre de drogas y liberado de la oscuridad a la luz. Nunca habría respondido con compasión y comprensión si no hubiera ido a Alaska y lidiado con mi 20% de oscuridad.

Todo lo que he aprendido desde aquel viaje hasta ahora me ha ayudado a escribir este libro. Después de mi estancia en Alaska, regresé inmediatamente a mi iglesia y compartí con nuestro equipo que íbamos a empezar algo llamado Universidad Matrix, un programa de enseñanza hecho para ayudar a otros a experimentar la curación interior y llegar a ser íntegros. He visto a cientos de personas liberadas, reconciliadas con su pasado y redimidas de sus heridas gracias a las lecciones que he compartido con ellas después de experimentar la libertad de primera mano. He aprendido que todavía pueden trabajar para superar esas áreas que les atormentan, aunque ya conozcan a Dios. Espero que al leer este libro te observes claramente y empieces a cambiar no sólo tu situación externa, sino también tu posición interna.

Algo que he aprendido es que la salud mental puede adoptar muchas formas. Hay depresión, ansiedad, esquizofrenia, adicción, etc. Algunos retos son más visibles que otros, y puede que los reconozca inmediatamente. Otros pueden ser más difíciles de ver cuando no los buscas, pero siguen ahí.

La industria sanitaria sólo quiere cuidarte, no curarte, porque eres una máquina que produce dinero para ellos. Es una industria; por lo tanto, seguirán dándote pastillas para cuidarte y hacerte sentir mejor sin ocuparse del problema de fondo. El resultado es que rara vez te curan.

Estas estadísticas dan una idea de cuántas personas se enfrentan a la salud mental, lo veamos o no

- o En Estados Unidos, casi la mitad de los adultos (46,4%) padecerán una enfermedad mental a lo largo de su vida.
- o Aproximadamente el 5% de los adultos (de dieciocho años o más) padecen una enfermedad mental en un año cualquiera; esto equivale a 43,8 millones de personas.
- o De los adultos de Estados Unidos con algún trastorno mental en un año, el 14,4 por ciento padece un trastorno, el 5,8 por ciento dos y el 6 por ciento tres o más.
- o La mitad de los trastornos mentales comienzan a los catorce años y tres cuartas partes a los veinticuatro.
- o En Estados Unidos, sólo el 41% de las personas con un trastorno mental en el último año recibió atención sanitaria profesional.

La mayoría de estos trastornos provienen de traumas emocionales no procesados. Cuando nacemos, tenemos todo en nosotros para realizar lo que Dios ha previsto para nosotros. Sin embargo, al crecer, muchos se desvían de su entorno original, la mayoría de las veces no por su culpa. Esta frase, "Configuración Original", es la que he llegado a utilizar para caracterizar la forma original en que Dios creó a la humanidad. Estamos cableados para el amor, cualquier cosa fuera de esto es un escenario alterado. Al igual que una compañía de tecnología diseña un teléfono con las últimas especificaciones y programas para funcionar al máximo rendimiento, Dios nos diseñó con todo lo que necesitamos para alcanzar y operar a nuestro máximo potencial en la tierra a través del amor. Este libro se escribió para ayudarnos a volver a la configuración original con la que fuimos creados. Pero hay que subrayar que, mientras vivamos dentro de nuestra configuración original, estamos programados para obtener los máximos resultados: no hace falta nada más.

Dios nos ha equipado con todo lo que necesitamos para tener éxito. Sin embargo, esas configuraciones a menudo se cambian no por elección, sino a causa de la cultura, los miedos, el dogma y otras circunstancias que contribuyen a modificar nuestras configuraciones originales. Este cambio no siempre se produce por el éxito, sino por el fracaso. La pregunta es: ¿qué podemos hacer al respecto?

Quizá te preguntes: "¿Es esto lo que Dios tiene para mí? ¿Es esto lo mejor, o hay algo que pueda hacer para recuperar mi configuración original?" - Sí, hay esperanza, y rezo para que este libro sea una bendición y una guía para que vuelvas a tu configuración original. Dicho esto, ¡comencemos!

CAPÍTULO 1

EL CREADOR CREÓ LA CREACIÓN PARA CREAR

"En el principio creó Dios los cielos y la tierra", Génesis 1:1 (NVI).

No sé si crees en la Biblia, como yo, pero he encontrado algunas respuestas en ella, que serán un buen punto de partida para nosotros. Toda la creación llega al punto de buscar al creador. La ciencia y la espiritualidad no se han apoyado mutuamente con tanta fuerza como en los últimos diez años, como en ningún otro momento de la historia.

La ciencia sigue señalando a Dios como Creador de todo lo creado. Algunos llaman a Dios "energía", "el universo", "la luz" o simplemente "Dios". Esto me lleva a las siguientes preguntas: ¿El principio estaba en su mente? ¿Lo vio antes de pronunciarlo? o ¿son dos rocas que chocaron y crearon la perfección? Esto puede dar lugar a debates, pero tengamos la mente abierta para saber hacia dónde apuntan todos los dedos.

Veamos qué dice la Biblia y qué señala la ciencia. Cuando se alinean, ambos nos dicen que nuestra herramienta más poderosa es ser como Dios en la imaginación. Por favor, detente un segundo y comprende lo poderoso que es eso. Nada sucede por sí solo. Lo primero que debemos hacer es diseñar con nuestra imaginación. - Ahí es donde empieza todo.

"La fe muestra la realidad de lo que esperamos; es la evidencia de cosas que no podemos ver. Gracias a su fe, el pueblo de antaño se ganó una buena reputación. Por la fe, comprendemos que todo el universo se formó por orden de Dios, que lo que ahora vemos no procede de nada que pueda verse" (Hebreos 11:1-3 NLT).

Leemos aquí que la fe es creer en la sustancia de las cosas que se esperan y se refiere a lo que deseas. Es lo que diseñas en tu mente pero no puedes ver (todavía) físicamente. Sigue estando en tu mente, desde donde se crea todo. Dios diseñó en su mente lo que quería ver en el mundo físico, nos creó como él.

Imagina tu mente como un lienzo pintado con tus pensamientos. Podemos ser los artistas de lo que aparece en nuestros lienzos, pero a menudo pasamos el pincel a otros. Cuando damos a otros el pincel, ellos diseñan nuestro paisaje futuro. Lo que esto implica es que no siempre controlamos nuestro destino. Quienquiera que sea el pincel de nuestra mente tiene ese poder. Debemos preguntarnos constantemente: "¿Quién sostiene mi pincel? ¿Estoy pintando mi futuro, o es otra persona la que está pintando negatividad en mi lienzo?". ¿Y qué es este lienzo? - Es nuestra mente, y pintamos con el poder de nuestra imaginación.

Nuestra creatividad comienza antes que la veamos físicamente. La Biblia sigue diciendo que Dios habló y diseñó lo visible con sus palabras "Por la fe, entendemos que el universo fue creado por la palabra de Dios, de modo que lo que se ve no fue hecho de cosas visibles" (Hebreos 11:3 RVR).

Dios creó lo que tenía en su imaginación y lo puso en palabras. Expresó su diseño. Por lo tanto, lo más poderoso que Dios creó es la mente. Es la capacidad de crear con nuestra imaginación, como él. En nuestra conciencia, la mente es donde tenemos la capacidad de crear, y es nuestro mayor activo. Las ideas empiezan como pensamientos invisibles que se hacen visibles y se manifiestan con el tiempo.

En Génesis 11:5-6 (RV), el pueblo se reunió para crear una torre para alcanzar el cielo. El Señor estaba tan asombrado por esta creación que tuvo que bajar para ver lo que su creación había hecho. Esta historia habla de la creación aplicando por fe los principios establecidos por Dios en el principio. En el versículo 6, el Señor dijo: "He aquí, el pueblo es uno, y todos tienen una misma lengua; y esto comienzan a hacer y ahora nada les será impedido, lo que han imaginado hacer." Se dio cuenta que la gente se las ingeniaba para utilizar la imaginación única que depositó en todos ellos desde el principio de la creación.

La palabra clave en este pasaje es imaginado. Dios vio la capacidad de las personas para crear en sus mentes y producir cualquier cosa con la que llenaran sus mentes. En otras palabras, el plano de lo que querían crear estaba en su imaginación. Decidió que nada les sería restringido, lo que significa que lo que ven en su imaginación se vería en lo físico, lo que muchos llaman "manifestar" algo.

La ciencia lo ha reafirmado con estudios recientes. Hicieron que un sujeto pensara en algo mientras veían el interior del cerebro del sujeto con Microscopía Electrónica (ME). Llegaron a la conclusión que los pensamientos invisibles se hacen visibles en el cerebro a medida que se van creando. Las ideas ocupaban "espacio mental" en el cerebro del sujeto. Esto se denomina conexión sináptica. En otras palabras, a través de las neuro vías, creamos una nueva realidad. Uno puede ver fácilmente por qué el antiguo rey de Israel, Salomón, dijo: "Como un hombre piensa, así es Él" (Proverbios 23:7 RVR).

En la teoría psicoanalítica de la personalidad de Sigmund Freud, la mente consciente consiste en todo lo que está dentro de nuestra conciencia. Este aspecto de nuestro procesamiento mental nos permite pensar y hablar racionalmente. Es donde se originan nuestra filosofía y nuestra manera de pensar. Se alimenta de experiencias vitales, pasadas, presentes y futuras. Del mismo modo, también es lo que escuchamos y lo que vemos.

La mente consciente incluye cosas como

- o   Sensaciones
- o   Percepciones
- o   Memorias
- o   Sentimientos
- o   Fantasías

La mente subconsciente está estrechamente relacionada con la mente consciente. Nuestra "segunda" mente es nuestra mente original o, como yo la describo, el corazón. Incluye las cosas en las que no pensamos en ese momento, pero que podemos hacer rápidamente conscientes. Piensa en una situación peligrosa y en lo rápido que puedes responder sin pensar conscientemente.

Las cosas en el subconsciente están disponibles para la mente consciente sólo en una manera disfrazada. Los pensamientos que la mente consciente quiere mantener ocultos a la conciencia se reprimen en la mente subconsciente. Mientras no somos conscientes de estos sentimientos, pensamientos, impulsos y emociones, todo esto sucede en el reino invisible.

La memoria a largo plazo del subconsciente se derrama en la conciencia (mente consciente) en forma de acciones, discurso y sueños de nuestras experiencias pasadas, dolor, heridas o traumas. Las experiencias pasadas influyen en casi todas las decisiones que tomamos hoy. Nuestros esfuerzos y lo que somos en la (mente) consciente constituyen sólo el 5% de nuestras elecciones. El 95 por ciento restante de nuestras elecciones están impulsadas por programas, acontecimientos y momentos pasados almacenados firmemente en la mente subconsciente.

En realidad, la mayoría de las decisiones de nuestra vida no están causadas por nuestra situación actual, sino por nuestro pasado. La mejor manera de explicarlo es considerar tu subconsciente como una biblioteca. Cada libro de la biblioteca es un momento significativo de nuestras vidas que tiene un poderoso impacto emocional y está ahí, en la estantería, esperando el momento adecuado para saltar a la acción. Las decisiones que tomamos la mayoría de las veces provienen de cosas ya programadas dentro de nuestra mente subconsciente, que se derraman en nuestra mente consciente.

La neurociencia enseña que la mente consciente procesa unos 50 bits de información por segundo, lo que es más lento que nuestra mente subconsciente, que procesa aproximadamente 11.000.000 de bits por segundo. Esto demuestra lo rápido que puedes procesar la información y recordar el pasado. Por ejemplo, cuando se hace una afirmación del tipo "¿De dónde ha salido eso?" después de decir algo negativo o de tener una percepción repentina. Estos pensamientos provienen de su subconsciente y son llevados a su conciencia, la mente consciente.

EL PODER DE LOS PENSAMIENTOS

Hace poco hablé con mi primo, que se dedica a la informática. Me hablaba de la realidad virtual y de cómo esta tecnología revolucionará la industria tal y como la conocemos. Una experiencia de realidad virtual, como montar en una montaña rusa, invade el cerebro, que no puede distinguir si el viaje es real o imaginario. Posteriormente, el cerebro libera las mismas sustancias químicas para indicar al cuerpo que está experimentando una montaña rusa en tiempo real. También puede situar a alguien por un momento en un lugar distante y hacer que experimente ese momento justo donde está con la misma sensación emocional que si estuviera realmente en un lugar diferente. Así funciona la mente consciente. Si pensamos en ello, se convierte en nuestra realidad virtual, ¡aunque haya sucedido hace años o no haya sucedido todavía! Creemos que lo es, y entonces, ¡pum!, lo es.

Vivir en el pasado crea depresión. Vivir en el futuro genera ansiedad. Pero vivir en el ahora crea la paz que deseamos.

Somos los creadores de nuestro momento presente, tanto si creamos Calma como Caos, sólo el pensamiento lo crea. ¿Qué queremos que sea este momento presente? ¿Crearemos arrepentimientos del pasado, ira y amargura o a crearemos calma y paz? No podemos permitir que nuestro cerebro funcione continuamente en piloto automático y libere el tipo equivocado de sustancias químicas que pueden destruir el cuerpo y mantenernos en un modo de estrés perpetuo que, en última instancia, conduce a problemas de salud mental y enfermedades. Debemos tomar el control. Este es el objetivo de este libro.

¿Sabías que la ciencia médica ha llegado a la conclusión que hasta el 80% de las enfermedades se inician en nuestro patrón de pensamiento negativo? Creamos un entorno propicio para la enfermedad al sentir emociones negativas y sumir nuestro cuerpo en el caos.

Este caos provoca enfermedades. Por desgracia, aunque ha mejorado, la formación médica actual sigue teniendo como objetivo tratar los síntomas, no las causas.

¿Te has sentido ofendido alguna vez? Muchas veces las personas se encuentran con pequeñas y grandes heridas de los demás, sean o no conscientes de ello. Cuando nos ofenden, nos sentimos incómodos, y a menudo nos refugiamos en un lugar de nuestro pasado donde nos sentimos seguros. Estar en un estado de malestar es estar fuera de paz, y cuando estamos fuera de paz, abrimos una puerta a la enfermedad. A menudo somos adictos a nuestras emociones pasadas, lo que nos lleva a un lugar de familiaridad donde creamos situaciones conocidas. Estas emociones familiares crean una adicción a la comodidad que no nos deja marchar sin luchar.

Creamos una realidad virtual cada vez que experimentamos un trauma pasado o suponemos el peor de los escenarios. Ocurre en la mente, pero el cuerpo reacciona como en la montaña rusa virtual de la que hablábamos antes. No conoce la diferencia. No podemos hacer nada para cambiar el pasado, pero sí podemos hacer algo para cambiar el futuro de nuestra realidad virtual. La mente consciente puede hacerlo. La neurociencia concluye que nuestras mentes son maleables, y esta maleabilidad se denomina neuro plasticidad. La neurociencia sólo ha descubierto lo que las Escrituras declaran desde hace miles de años. "No copies el comportamiento y las costumbres de este mundo, sino deja que Dios te transforme en una persona nueva cambiando tu forma de pensar" (Romanos 12:2 NLT).

Tanto si vivimos en el pasado como en el futuro, siempre lo experimentamos en el ahora, concluyendo que el pasado, el presente y el futuro pueden suceder simultáneamente. Todos llevamos dentro esta naturaleza creativa; la única pregunta es: ¿qué estamos creando? De hecho, creamos cada vez que formulamos un pensamiento. Se activa en nuestra mente consciente. Tanto si el pensamiento es bueno como malo, lo experimentas como si estuviera sucediendo en el presente.

En la gran orquesta de nuestra existencia, los pensamientos son las melodías armoniosas que resuenan por las cámaras de nuestra mente. Son las creaciones etéreas que chispean y danzan con la alineación de los electrones, los delicados hilos de electricidad que tejen el tapiz de nuestra conciencia. Como un fotógrafo experto que capta un momento fugaz, nuestra mente capta estos pensamientos y los transforma en imágenes vívidas. Son los fotones que iluminan nuestra percepción, arrojando luz sobre el camino que pisamos. Con cada momento que pasa, nuestro vídeo de la vida se despliega, capturando la esencia de lo que somos y dando forma a la historia que decidimos contar.

En lo más profundo del santuario interior de nuestro ser reside el hipotálamo, una maravillosa farmacia del cerebro. Contiene la clave para desentrañar el vasto espectro de emociones que colorean nuestra existencia. Con su suave tacto, libera una sinfonía de sustancias químicas, que significan las emociones que acompañan a nuestros pensamientos. Es el director de nuestra orquesta emocional, nos guía a través de los altibajos y nos recuerda la belleza de nuestra experiencia humana. Y en la intrincada danza de nuestra biología, nuestros genes despiertan. Se activan, como artistas dormidos, listos para crear obras maestras de proteínas. Estas proteínas forman las conexiones sinápticas que almacenan esta exquisita información, los pensamientos que dan forma a nuestra propia esencia. Son los arquitectos de nuestras vías neuronales, los cimientos sobre los que se construyen nuestros recuerdos y experiencias.

Abraza el poder de tus pensamientos. Porque en ellos reside la capacidad de dar forma a tu realidad, de crear una vida que resuene con propósito y pasión. Cada pensamiento es una pincelada sobre el lienzo de tu existencia, una oportunidad para pintar un mundo de belleza e inspiración. Tú eres el creador, el artista y el arquitecto de tus pensamientos. Abraza este poder, porque es en ti donde radica lo extraordinario.

La neurociencia afirma que las condiciones de estrés o caos a largo plazo provocan enfermedades sólo con pensamientos negativos. Si piensas en ello, con el tiempo te convertirás en ello. La amígdala es una parte del cerebro que ayuda a gestionar las emociones y a reconocer los estímulos amenazantes. En el modo de lucha o huida, el cuerpo libera cortisol, adrenalina y noradrenalina para saber cómo reaccionar ante el peligro. Está bien vivir un momento de estrés, pero no quedarse en ello.

Aquí compartimos un ejemplo de pensamiento reprimido: Tienes diez años y vas a un parque de atracciones. Estás emocionado y feliz. Estás con tus amigos y pasas junto a un autobús. Este es el mejor día de tu joven vida, creando recuerdos alegres. Tú has creado esos recuerdos, así que cada vez que pases por delante de un autobús, te evocará ese momento de emoción cuando tenías diez años.

Por el contrario, crear un mal recuerdo sería pasar un autobús de camino a un parque de atracciones en el que casi te ahogas. Esto se convertirá en un recuerdo negativo que se almacenará en tu subconsciente. Cuando tengas cincuenta años, ir en autobús puede seguir provocándote miedo por tu mala experiencia en el parque de atracciones. Cada vez que surge el recuerdo, recuerdas la misma sensación negativa de tu pasado. Ese es el poder del pensamiento y de la memoria.

NACIMIENTO DE LA CONCIENCIA

El nacimiento de nuestra naturaleza creativa, nuestra moralidad, comenzó en el jardín cuando Adán y Eva tomaron del Árbol del Conocimiento del Bien y del Mal. El árbol representaba la conciencia con conocimiento. Allí recibieron una comprensión de lo que es el bien y el mal, y esto despertó su comprensión del mal. La voz de Dios preguntó: "¿Quién te ha dicho que estás desnudo?" (Génesis 3:11 NVI). La primera emoción que experimentaron tras la caída fue el miedo. La segunda fue la vergüenza, seguida de cerca por la culpa. ¿No es éste el mismo proceso que sigue desarrollándose hoy en nuestras mentes cada vez que nos alejamos del mejor conocimiento de Dios?

Todos hemos estado luchando contra el miedo desde la experiencia en el jardín. Nuestros ajustes han sido alterados desde el principio. No fuimos creados para temer, sino para amar. El miedo es un comportamiento aprendido, y vivir con miedo no forma parte del paquete humano. El miedo nos sirve durante un peligro temporal, pero el miedo constante no es normal. En una jungla, una gacela puede comer hierba tranquilamente, pero en cuanto surge una amenaza, huye despavorida. El miedo, por tanto, sirve para preservar a la gacela. Pero cuando el peligro desaparece, la gacela vuelve a comer hierba. ¿De cuántas supuestas amenazas seguimos huyendo sólo con el pensamiento aunque las amenazas ya no sean actuales? ¿Por qué no podemos, como seres humanos, aprender de la gacela? Para regresar a la calma.

En medio del caos y la incertidumbre, es crucial recordar que estamos programados para el amor y la paz. En lo más profundo de nuestro ser yace una naturaleza sencilla e inocente, una naturaleza que anhela la conexión, la compasión, la bondad y la paz. Pero en nuestro viaje por la vida, a menudo nos encontramos atrapados en las garras del miedo.

A los veintiocho años, nuestro córtex prefrontal, situado en la parte frontal del cerebro, madura y se desarrolla plenamente, lo que nos permite tomar decisiones más sensatas, pero no siempre es así. Es durante este periodo de transformación cuando experimentamos el jalón de las expectativas sociales y la influencia de nuestro entorno. Nuestra naturaleza, antaño pura y amorosa, puede verse empañada por el ruido del mundo.

Sin embargo, incluso frente a estos desafíos, tenemos la capacidad de recurrir a nuestra voz interior, de discernir entre el ángel y el demonio encaramado sobre nuestros hombros. Poseemos el poder de elegir el camino del amor y la paz, de escuchar los susurros de nuestra conciencia y de elevarnos por encima de la negatividad que nos rodea. Vigilar la puerta de nuestros pensamientos se convierte en nuestra responsabilidad. Tenemos el poder de filtrar la negatividad y elegir lo que entra en nuestra mente y en nuestro corazón. Podemos elegir centrarnos en lo positivo, buscar inspiración y rodearnos de influencias edificantes. Puede que no siempre sea fácil, pero recuerda que dentro de ti hay un manantial de fuerza y resistencia. Posees la capacidad de superar la adversidad y transformar el miedo en amor y paz. Abraza el poder de elección y deja que tus acciones se guíen por la compasión, la empatía y la bondad.

Entre nuestros ojos se encuentra la glándula pineal y el lóbulo frontal está detrás de la frente. Esta es la puerta de nuestra mente. Proteger nuestra mente por encima de todo empieza aquí: entre los dos ojos y siendo conscientes de nuestros pensamientos. ¿Qué permitimos que se cree en nuestros pensamientos? El cerebro es como una planta de montaje; simplemente crea. No rechaza lo malo en favor de lo bueno; se limita a hacer su trabajo: recoger y almacenar datos. Nuestro trabajo consiste en discernir lo que es bueno y lo que es malo. De nuevo la combinación de pensamientos, energía y atención concentrada produce bienes inmuebles mentales en tu cerebro. Se forma entonces una conexión sináptica en la que se crea el pensamiento. Lo invisible se hace visible. ¿Acaso no es asombroso? Al igual que Dios, estamos hechos para crear.

HARDWARE MENTAL

Dios nos ha dado la capacidad de crear nuestro mundo en el reino invisible de nuestras mentes para que podamos verlo en nuestras mentes antes de que lo veamos en el mundo natural. Esta habilidad es realmente espectacular. Hemos sido creados con el poder de hacer todo lo que nuestros corazones infantiles puedan imaginar y llevarlo al mundo a través de nuestras acciones.

Recuerdo que cuando tenía unos ocho años, tenía sueños. Cerraba los ojos y diseñaba adónde quería ir y qué quería hacer. Esta debería ser nuestra norma. Ser creativos es nuestra naturaleza. Crear a partir de lo invisible es un rasgo del Creador, que nos ha sido impartido para seguir creando nuestro mundo. Esta habilidad es innata y nunca podemos perderla. Es el carácter divino lo que alimenta nuestra esperanza.

Dios nos creó a su imagen y semejanza. (Ver Génesis 1:26 NVI). La palabra "imagen" implica que éramos una idea en la mente de Dios, ¡una imagen antes de que nos creara! "Semejanza" significa que, al igual que Dios creó el mejor mundo posible, nosotros también podemos crear el mejor mundo para nosotros. Estamos diseñados para construir, crecer y florecer. Nos dio una herramienta extraordinaria llamada conciencia. Esta capacidad divina nos da la capacidad de crear, igual que Dios.

Quiero reiterar que nuestras mentes son nuestros lienzos. Robin Sharma, autor del club de las 5 de la mañana, afirma que todo se crea dos veces, una en la mente y otra en la realidad. Diseñamos, creamos y soñamos lo que queremos y lo diseñamos primero en lo invisible; sólo entonces lo manifestamos en el reino consciente. Puede ser la mejor herramienta para la vida, pero ¿qué ocurre cuando deja de serlo? ¿Qué ocurre cuando los adultos dejan de tener sueños infantiles? ¿Sentimos y aceptamos que ésta es la baraja que nos ha tocado? ¿Adónde va la esperanza? ¿Qué ocurre con nuestros objetivos y esperanzas? ¿La realidad supera la esperanza?

Del mismo modo que podemos crear un mundo brillante, hay fuerzas opuestas que luchan por nuestros lienzos. Quieren controlar tu pincel. Quien tenga tu pincel es quien controlará la narrativa de tu vida. Por ello es tan importante ser consciente de uno mismo. La neurociencia dice que tenemos más de sesenta mil pensamientos al día. De esos sesenta mil pensamientos, sólo el 9% son nuevos y el 91% proceden de nuestro subconsciente. Un asombroso 70% del 91% es negativo. Se trata de una afirmación poderosa, porque allí donde descansa nuestro enfoque, éste crecerá, ya sea bueno o malo. ¿Y ahora qué sigue? Lo invisible se hace visible. Quiero que lo entiendas y aceptes que eres el Creador de tu futuro. Empieza en tu mente. Creamos hoy, ahora mismo, para el futuro. ¿Qué aspecto tendrá?

CONCIENCIA

Un famoso dicho circula por ahí: "¡Mantente despierto!". También aparece como "Está despierto", "Está despierta" y "Todos estamos despiertos". Entiendes el punto. "Despierto" se refiere a un nacimiento de la autoconciencia, que antes no existía. Es la capacidad de pensar más allá de lo que uno piensa. Tenemos la capacidad, dada por Dios, de salir de nuestros pensamientos y observar lo que pensamos. Se llama ventaja de perspectiva múltiple (APM).

El término AMP fue acuñado por una de mis mejores amigas, Caroline Leaf. (Aunque no la conozco, es mi amiga). La AMP es una capacidad única otorgada por Dios para observar lo que observamos. Se nos ha dado como herramienta para garantizar que lo que creamos es el futuro correcto. Tenemos el poder de elegir entre pensamientos positivos y negativos observando en qué seguimos pensando, y eligiendo en qué pensar y qué desechar.

Al igual que el signo más, los pensamientos positivos tienen la extraordinaria capacidad de añadir valor a nuestras vidas. Nos elevan, nos inspiran y nos impulsan en nuestro camino. Los pensamientos positivos crean un equilibrio armonioso en nuestra mente, llenándonos de esperanza, optimismo y sentido de la posibilidad. Nos recuerdan que cada problema tiene una solución, que cada contratiempo es una oportunidad disfrazada y que cada fracaso es un peldaño hacia el éxito.

Por otro lado, los pensamientos negativos, representados por el signo negativo, actúan como un restador constante. Tienen el poder de quitarnos la alegría, la motivación y la confianza en nuestras vidas. Los pensamientos negativos pueden nublar nuestro juicio, obstaculizar nuestro progreso e impedir que alcancemos todo nuestro potencial. Drenan nuestra energía y nos hacen sentir estancados y desanimados.

Los pensamientos negativos te roban energía y obstaculizan tu progreso. Es importante comprender que estos pensamientos negativos prosperan cuando se les presta atención y se les alimenta con nuestra preciada energía. Imagínate empezar el día con un tanque lleno de energía, pero dejar que el 40 por ciento se agote por estas cuestiones negativas inmediatamente por la mañana. De repente, sólo te queda el 60% de tu energía. No es de extrañar que el cansancio empiece a aparecer, pesando como un equipaje extra. Pero no temas, porque hay una forma de superar este agotamiento espiritual. Profundizaremos en esto más adelante, pero por ahora, comienza con la conciencia de estos pensamientos negativos y la elección de aquello a lo que prestamos atención.

En el vasto reino de nuestras mentes, nuestros pensamientos tienen un poder increíble. Ser consciente de ellos es un superpoder. Dan forma a nuestra perspectiva, influyen en nuestras emociones y guían nuestras acciones. Resulta a la vez fascinante y desalentador considerar el impacto que nuestros pensamientos pueden tener en nuestro bienestar. Los psicólogos han arrojado luz sobre un concepto intrigante: la noción que nuestra mente subconsciente, a menudo denominada nuestro segundo cerebro, desempeña un papel importante en nuestra salud mental. Proponen que una vez que un asombroso 65 por ciento de nuestros pensamientos están consumidos por la negatividad, podemos encontrarnos luchando contra la depresión clínica.

Aunque esta estadística pueda sonar alarmante en un principio, sirve como poderoso recordatorio de la importancia de cultivar una mentalidad positiva y ser conscientes de nuestros pensamientos. Tenemos dentro de nosotros la capacidad de dar forma a nuestros pensamientos, de elegir conscientemente las narrativas que se desarrollan en nuestra mente. Es a través de este esfuerzo consciente y de la toma de conciencia que podemos crear un cambio, transformando nuestros patrones de pensamiento y, en última instancia, mejorando nuestro bienestar general. Recuerda que cada pensamiento que tenemos puede moldear nuestra realidad. Reorientando conscientemente nuestro pensamiento hacia la positividad, podemos abrir un mundo de posibilidades. Nos convertimos en arquitectos de nuestra felicidad, construyendo unos cimientos basados en el optimismo y la resiliencia.

Nuestra responsabilidad es crear la vida que queremos vivir. Nunca podemos dársela a otro porque Dios ha dado la responsabilidad de forma única a cada persona. Podemos permitir todos los pensamientos positivos en nuestras mentes y desechar todos los pensamientos negativos.

"Las armas con las que luchamos no son las armas del mundo. Al contrario, tienen el poder divino de demoler fortalezas. Derribamos argumentos y toda pretensión que se levanta contra el conocimiento de Dios, y llevamos cautivo todo pensamiento para hacerlo obediente a Cristo" (2 Corintios 10:4-5 NVI).

NACIMIENTO DE LA IDENTIDAD

El nacimiento o concepto del ego es la conciencia y la mente subconsciente trabajando juntas para protegerse. El ego se asocia a menudo con nuestro sentido del yo y con cómo nos identificamos. Puede considerarse un sistema de protección o un mecanismo de defensa que desarrollamos con el tiempo. Especialmente en nuestros primeros años de vida. Por desgracia, estos mecanismos de protección, que en un principio nos protegen del dolor y el daño, pueden acabar obstaculizando nuestro crecimiento y desarrollo en sociedad.

Estas medidas de protección, alimentadas por nuestras experiencias pasadas de dolor, heridas y traumas, se convierten en una especie de escudo tras el que nos escondemos. Dan forma a la percepción que tenemos de nosotros mismos e influyen en nuestra forma de interactuar con el mundo. Podemos acostumbrarnos tanto a estos mecanismos de protección que se conviertan en nuestra identidad permanente, e inconscientemente permitimos que controlen nuestras vidas.

Esta comprensión me cambió las reglas del juego al comprender la AMP, conocida oficialmente como metacognición, que es la capacidad de mirarse a uno mismo desde fuera. Esto nos permite la capacidad de ver los programas defectuosos que hemos inculcado a lo largo de los años en nuestras vidas. Vi claramente cuando mi ego estaba operando dentro de mí y esto transformó mi conciencia para siempre y comenzó mi cambio a mi configuración original. Una vez que sabes algo ya no puedes ignorarlo. En mis estudios, también aprendí sobre otro concepto llamado superego. El superego lo transmiten los padres, el entorno y la cultura a partir de los cinco años. Esta conciencia aguda es un cambio de juego que creó una nueva versión de mí mismo porque reconocí mi ego y superego cambiando la narrativa de lo que era. Pude desenmarañarme desde mi versión de 8 años hasta mi edad actual.

El ego me recuerda a una vieja película "El Mago de Oz", en la que el personaje de Oz proyectaba una imagen de intrepidez y poder a la gente, haciéndoles creer que era alguien a quien temer. En realidad, esta proyección no era más que una medida de protección para ocultar sus profundas inseguridades. Al igual que Oz, nuestro ego a menudo enmascara nuestro verdadero yo con una fachada de fuerza y confianza. Crea una persona que presentamos al mundo, una imagen cuidadosamente construida que esperamos sea aceptada y admirada. Nos esforzamos por ser percibidos como intrépidos, poderosos y dueños de la situación, al tiempo que ocultamos nuestra vulnerabilidad y nuestros miedos.

El ego, impulsado por el combustible del dolor y el trauma, puede desarrollar una forma distorsionada de pensar. El problema radica en aceptar la narrativa del ego como verdad, cuando en realidad se basa en mentiras y distorsiones arraigadas en nuestras heridas y traumas del pasado. En un contexto espiritual, cuando Jesús dice: "Deja que se niegue a sí mismo, toma tu cruz y sígame" (Mateo 16:24), esencialmente nos está instando a dejar de lado nuestro ego y nuestras costumbres egocéntricas. Es una invitación a renunciar a nuestra falsa identidad, construida sobre el dolor y el trauma de nuestros pensamientos, y a abrazarnos a nosotros mismos. Este proceso implica morir a nuestro ego, desprendernos de los mecanismos de protección que impiden nuestro crecimiento y reconectar con nuestro yo original y auténtico.

Al reconocer la influencia de nuestro ego y comprender sus limitaciones, podemos iniciar el viaje hacia el autodescubrimiento y el crecimiento personal para volver a nuestras configuraciones originales, no a las distorsionadas. Requiere la voluntad de abandonar las falsas narrativas y creencias que el ego ha construido y, en su lugar, abrazar una forma de ser más auténtica. En mis estudios, he aprendido que el ego está en la mente, pero un pariente cercano del ego es el orgullo, que está en el corazón. El orgullo es pensar demasiado alto o bajo de ti mismo. Como una moneda de 25 centavos tiene dos caras y ambas tienen el mismo valor, así es el orgullo. Es asumir la identidad de su versión alterada y hacerla cierta. En otras palabras, crees que es verdad en mente y corazón. "Porque cual es su pensamiento en su corazón, tal es él". (Proverbios 23:7 NKJV) Cuando asumimos esta identidad en nuestros corazones este yo no auténtico es a lo que Dios se opone. Como dice Santiago 4:6 (RVA) "Dios resiste a los soberbios, Pero da gracia a los humildes". Ahora entiendo por qué Dios se opone a los orgullosos, no sólo nos destruimos a nosotros mismos sino que también destruimos a la gente, que es el corazón de Dios. Esta toma de conciencia del ego y del orgullo es el primer paso para que el cambio nos devuelva a nuestra configuración original. El proceso de transformación interior nos permite alinearnos con nuestra verdadera esencia y vivir una vida más plena y con un propósito al desvincularnos de nuestra identidad alterada.

En conclusión, es importante que tomemos cautivo cada pensamiento y los sometamos a un examen cuidadoso. Debemos determinar si estos pensamientos se originan externamente, como resultado de influencias del enemigo, o internamente, procedentes de nuestro propio ego o superego. Al perfeccionar nuestra capacidad de navegar por los entresijos de nuestra vida mental, nos embarcamos en un viaje transformador hacia la reconexión con nuestras configuraciones originales.

Este proceso de autorreflexión y análisis nos permite discernir la verdadera naturaleza de nuestros pensamientos y desvincularnos de identidades alteradas. Al cuestionar conscientemente los orígenes y las intenciones de nuestros pensamientos, podemos llegar a conocernos mejor a nosotros y nuestros motivos.

CAPÍTULO 2

CULTIVAR EL JARDÍN DE NUESTROS CORAZONES

Nuestros corazones son como jardines; si no somos conscientes de lo que permitimos que crezca en ellos, podemos acabar con un parche de espinas, cardos y malas hierbas. Con el tiempo, estos pensamientos y emociones intrusivos ahogarán la bondad que una vez poseímos. Dios nos dio esta responsabilidad. En Génesis 2:15 se afirma que el Señor Dios puso al hombre en el jardín del Edén para que lo cuidara y velara por él. Así que ahora nuestro mayor jardín es nuestro corazón. Si descuidamos nuestros jardines interiores, corremos el riesgo de marchitarnos y no dar fruto en la vida. Sobrevivir a la vida con espinas y cardos no es suficiente; debemos cuidar el jardín de nuestro corazón para crear algo de valor.

Como nuevo propietario y jardinero, me he dado cuenta que cultivar un césped verde es un proceso complejo y meticuloso que exige una atención constante. Mientras trabajaba en mi jardín, no podía evitar establecer paralelismos entre este empeño y el ámbito espiritual.

Todo empieza con las semillas. Al igual que cuando plantamos pensamientos positivos en nuestra mente, tenemos que ser cuidadosos e intencionados con lo que permitimos que eche raíces. Sin embargo, pronto descubrí que los retos eran abundantes. Los pájaros se lanzaron en picado y devoraron las semillas, impidiendo que brotara la hierba. Me recordó cómo las influencias externas pueden a veces obstaculizar nuestra mentalidad positiva si se lo permitimos.

Pero la cosa no acabó ahí. Incluso si las semillas lograban eludir a los pájaros hambrientos, no había garantía que se convirtieran en una hierba verde y exuberante. Y luego están las malas hierbas. Parecen brotar de la nada, extendiendo sus raíces y robando los nutrientes destinados a la hierba. La negatividad puede ser como esas molestas malas hierbas, que ahogan lentamente nuestros pensamientos positivos e impiden que florezcan. Del mismo modo que tengo que estar atento para arrancar las malas hierbas de mi jardín, debemos ser proactivos para desarraigar los pensamientos negativos de nuestra mente.

A través de estas experiencias, he llegado a apreciar la intrincada conexión entre nuestros pensamientos y nuestra realidad. Nuestras mentes, como los jardines, requieren cuidados y atención constantes. Es nuestra responsabilidad dada por Dios. Debemos hacer un esfuerzo consciente para sembrar intencionadamente semillas positivas, protegerlas de las influencias externas y eliminar la negatividad. Es realmente fascinante cómo las lecciones aprendidas de algo tan simple como la jardinería pueden revelar verdades profundas sobre nuestro bienestar espiritual y mental.

A menudo evitamos enfrentarnos a los pensamientos negativos que surgen cuando alguien nos ofende. Son malas hierbas que debemos cuidar. En lugar de abordar el problema de frente, dejamos que el resentimiento y la amargura arraiguen en nuestra mente. Con el paso del tiempo, estas malas hierbas crecen y se extienden, sofocando cualquier emoción positiva que una vez floreció en nuestros corazones. Cuando permitimos que la bondad que llevamos dentro fluya libremente, experimentamos el flujo positivo de la vida. Sin embargo, si bloqueamos o envenenamos este flujo, puede llevarnos a la destrucción. La amargura, el resentimiento, la ira y la falta de perdón son toxinas que destruyen nuestro corazón si no se controlan. Debemos cultivar nuestros jardines interiores. Tenemos que arrancar las malas hierbas y alimentar la bondad que llevamos dentro. Enfrentarnos a nuestra alma y hacer frente a las emociones negativas es esencial para nuestro bienestar. Al convertirnos en un manantial de vida, podemos experimentar la abundancia de vida que está a nuestra disposición. Debemos ser conscientes de los pensamientos y emociones que permitimos que crezcan en nuestro interior y enfrentarnos frontalmente a los sentimientos negativos. Sólo cultivando la bondad en nuestro interior podremos crear abundancia a nuestro alrededor.

Desgraciadamente, a la mayoría de nosotros no se nos enseña cómo cultivar un huerto y plantar semillas que produzcan abundancia en nuestras vidas. Tendemos a buscar información en nuestro entorno, que a menudo tiene una mentalidad caída, que nos hace cultivar espinos y cardos. Sin embargo, a través de los preceptos de Jesús, podemos cambiar de nuevo a nuestra configuración original en el corazón y ya no tener que trabajar para ello.

En el reino de las maravillas botánicas, resulta intrigante explorar el viaje de las semillas que se transforman en frutos. Sin embargo, antes de adentrarnos en este fascinante proceso, profundicemos en la profunda analogía presentada por Jesús, comparando sus palabras con las semillas. Al dedicarnos a la contemplación profunda de sus enseñanzas, asumimos el papel de agricultores diligentes, plantando meticulosamente estas semillas en la tierra fértil de nuestros corazones.

De hecho, no bastaría con sembrar superficialmente una semilla y cubrirla apresuradamente con una fina capa de tierra. Por el contrario, debemos tener la convicción de cavar hondo, asegurándonos que la semilla esté bien plantada. Del mismo modo, nuestra responsabilidad reside en el acto de meditar la palabra de Dios. Cuanto más nos sumergimos en esta práctica, más profunda se vuelve la incrustación de la semilla en nuestro interior.

Notablemente, es importante reconocer que la palabra misma posee una capacidad innata para germinar y florecer en lo más profundo de nuestros corazones. En consecuencia, este crecimiento alimenta el desarrollo de frutos virtuosos y piadosos en nuestras vidas. La correlación entre semillas y frutos se hace evidente, ya que la calidad y la naturaleza de las semillas que sembramos determinan el tipo de frutos que cosecharemos.

Por lo tanto, si nuestra aspiración es cosechar una abundante cosecha de frutos piadosos, debemos plantar diligente e intencionalmente las semillas de la palabra de Dios. Al hacerlo, fomentamos un entorno en el que pueden florecer la rectitud, la compasión y la sabiduría, enriqueciendo en última instancia nuestras vidas e influyendo positivamente en quienes nos rodean.

Debemos asumir nuestro papel de cultivadores concienzudos, plantando meticulosamente las semillas de la sabiduría divina en el suelo de nuestros corazones. Con un compromiso inquebrantable y un cultivo diligente, podemos alimentar el crecimiento de frutos piadosos.

FRUTAS

La Biblia nos enseña que podemos identificar el carácter de una persona por su forma de actuar. "Por sus frutos los reconoceréis. ¿Acaso se recogen uvas de los espinos o higos de los cardos?" (Mateo 7:16 NVI). Pero para cambiar las condiciones externas, primero debemos cambiar internamente. Esto requiere que estemos abiertos a realizar el trabajo interno necesario para que se produzca el cambio deseado.

Jesús enfatizó la importancia de permanecer en Él para dar fruto. Al igual que una rama que permanece unida a un árbol, produciendo frutos sin esfuerzo debido al flujo de savia por sus venas, Jesús buscaba la transformación del corazón en lugar de la mera modificación del comportamiento. Joseph Prince dijo: "Creer correctamente lleva a vivir correctamente".

Por el contrario, Moisés escribió sobre la maldición que caerá sobre el hombre debido a la desobediencia, en la que tendrá que luchar para ganarse la vida, ya que en la tierra crecerán espinos y cardos en lugar de cosechas fructíferas. Estas espinas y cardos representan pensamientos negativos que no producen vida, ya que no son frutos naturales. Proceden de los jardines de nuestros corazones y revelan la fecundidad o infecundidad de nuestro interior, repercutiendo en nuestra vida espiritual.

LA VERDAD SOBRE SER DUDOSO

Un documental sobre barcos en alta mar me inspiró para darme cuenta que cada persona a bordo tiene un papel único que desempeñar, pero deben trabajar juntos en armonía para llegar a su destino. Del mismo modo, en el mundo espiritual, la mente consciente y la mente subconsciente deben ponerse de acuerdo con la verdad para que suceda en tu vida. Si en mi mente creo algo pero en mi corazón hay incredulidad no pasa nada. La mente y el corazón tienen papeles diferentes, pero deben trabajar juntos para que la fe funcione. Si no están alineados, no llegaremos al destino deseado.

La doblez es un estado de vacilación e indecisión, marcado por la falta de sinceridad y la hipocresía. Santiago 1:8 describe esta condición como causante de inestabilidad en todos los ámbitos de la vida. Incluso antes que existiera la ciencia, este fenómeno estaba presente en forma de mentes subconsciente y consciente. Estas dos mentes están siempre presentes en nosotros; si no están de acuerdo, permanecemos estancados y no hacemos nada. Sin embargo, cuando nuestras mentes están en consonancia con nuestros corazones, podemos lograr grandes cosas.

El término "doble mentalidad" procede de la palabra griega "dipsuchos", que significa persona con dos mentes o almas. Esta doble mentalidad conduce a fuerzas opuestas que obstaculizan el progreso y la estabilidad. Aquellos que luchan con la doble mentalidad han dividido la lealtad entre Dios y el mundo, causando inestabilidad en todo lo que hacen. (Santiago 1:8 NLT) El problema radica en no permitir que la semilla germine en nuestros corazones y la semilla sólo permanece en nuestras mentes. Por ello creemos una cosa con la mente y el corazón cree otra.

La duda es un problema interno que a menudo hace que culpemos a factores externos de nuestros fracasos. Sin embargo, la verdad es que muchas veces estamos programados para fracasar debido a los malos programas que recibimos en nuestro subconsciente al principio de la vida. Lo explicaré con más detalle más adelante en el libro. Podemos desear el bien que Dios tiene para nosotros y recibirlo en nuestras mentes, pero los programas de nuestros corazones se oponen a él y lo rechazan. La buena noticia es que no tenemos por qué permanecer en este estado. Alineando nuestro consciente y nuestro subconsciente o teniendo una coherencia de mente y corazón, podemos superar la doble mentalidad y tener éxito.

LA LEY DEL DESCUBRIMIENTO

La Ley del Descubrimiento habla de la importancia de explorar nuestro interior y descubrir nuestro verdadero potencial. La analogía de la exploración del espacio exterior pone de relieve la ironía de que a menudo descuidamos nuestro infinito espacio interior, que encierra posibilidades ilimitadas. ¿Cuándo fue la última vez que descubriste nuevos planetas en tu interior? ¿Eres un extranjero en tu propio mundo interior?

Hago hincapié en la existencia de dos mentes: la mente consciente, todo lo que vemos con nuestros ojos, y la mente subconsciente, donde visualizamos y existe nuestra biblioteca de la vida. Estas dos mentes conforman nuestra percepción y reacción ante las cosas del mundo que nos rodea.

El mensaje es claro: cuando nos tomamos el tiempo de explorar nuestro interior, desbloqueamos un mundo de posibilidades. Me siento atraído por el lema del ejército estadounidense, "Sé todo lo que puedas ser", que subraya que nosotros también podemos desarrollar todo nuestro potencial en el ejército de Dios, pero todo empieza dentro de nosotros.

La referencia a Juan 3:16 se utiliza para ilustrar la profundidad del amor de Dios por nosotros y cómo nuestro mundo interior es el objeto de su amor en nuestros corazones. Al aprovechar este amor y operar en la plenitud de lo que somos, sugiero que descubramos un nuevo mundo dentro de nosotros para poder lograr grandes cosas.

Si queremos avanzar hacia Dios, debemos cambiar la configuración de nuestro corazón. Nuestra mente subconsciente es la fuerza motriz de nuestras vidas, y tras la caída de Adán, toda la humanidad se extravió porque nuestras configuraciones se alteraron para seguir nuestros deseos. Por ejemplo, cuando utilizamos una aplicación GPS, introducimos el destino al que queremos ir y el programa formula una ruta, proporcionando instrucciones claras que nos llevan al destino previsto. Del mismo modo, para llegar a un nuevo destino, debemos actualizar nuestros corazones con nueva información, ya que son nuestros corazones los que nos guían. Sin embargo, si seguimos con la misma información de siempre en el corazón, daremos vueltas en círculos y no llegaremos al destino deseado. Debemos dar a nuestros corazones información nueva y actualizada para convertirnos en una nueva versión de nosotros mismos.

Los adultos son aventureros por naturaleza y les encanta descubrir cosas nuevas, igual que a los niños. Seguimos en esta búsqueda a medida que crecemos, pero a menudo no nos damos cuenta que los descubrimientos más significativos que podemos hacer están dentro de nuestros corazones. Jesús afirma que el reino de Dios está dentro de nosotros. Él nos capacita para someter y recuperar lo que es nuestro. Dentro de nosotros hay un mundo con un potencial ilimitado para alcanzar todo lo que Dios quiere que tengamos.

Mateo 11:12 nos enseña que debemos tomar el reino de Dios por la fuerza. Tenemos que examinar nuestros corazones para ver el cambio, porque el cambio empieza en nuestro interior y se extiende a nuestro mundo exterior. En el Jardín del Edén, Dios ordenó a Adán que sometiera el jardín, es decir, que lo tomara. Sin embargo, esto también implica que otra persona se había hecho cargo de ella anteriormente. Aunque comprendemos el significado natural de la palabra de Dios, primero debemos captar su significado espiritual.

La palabra de Dios tiene dualidad, y debemos entenderla en su dualidad. Estas instrucciones aún se aplican a nosotros hoy, y estamos llamados a someter el mundo dentro de nosotros porque alguien más se ha apoderado de él desde la caída de Adán. El enemigo ha estado haciendo avanzar las tinieblas en la humanidad, y su trabajo consiste en apoderarse del reino de Dios, que está dentro de nosotros.

Nuestro corazón es lo que más valora el Padre del Cielo. Somos sometidos cada vez que le damos al enemigo una puerta abierta a nuestras vidas. En Puerto Rico, hay un lugar llamado La Perla que el gobierno no controla porque fue sometido por familias de delincuentes violentos, y ahora ellos lo gobiernan. Del mismo modo, hay áreas de nuestra vida que no gobernamos y que debemos someter.

Desde la caída de Adán, el enemigo ha ido avanzando en nuestro reino, y Jesús redime lo que el primer Adán perdió. Por lo tanto, es hora de avanzar y apoderarse de nuestro mundo y permitir que produzca los frutos de Dios en nuestras vidas. En Romanos 5:15-18, vemos que por la muerte y resurrección de Jesús, todos recibimos el don gratuito de la gracia, el perdón y la justicia.

"Sí, el único pecado de Adán trae la condenación para todos, pero el único acto de justicia de Cristo trae una relación correcta con Dios y una nueva vida para todos". (Romanos 5:18)

Nuestros pensamientos determinan nuestras creencias y nuestras creencias conforman nuestra realidad. Por lo tanto, centrarnos en pensamientos positivos según la palabra de Dios e imaginar un futuro positivo es importante en nuestro mundo interior.

El poder de nuestros pensamientos y la importancia de tener una visión clara de nuestro mundo interior son cruciales. La Biblia advierte que sin visión, la gente perece. Sin una visión, podemos perdernos y desenfocarnos rápidamente. Es esencial tener una visión del tamaño de Dios para nuestras vidas y no conformarnos con arreglos temporales con los que nos engaña el enemigo.

Pensemos en Eva en el Jardín del Edén como metáfora de nuestro mundo interior. Cuando las palabras negativas y la duda entran en nuestro mundo interior, éste es despojado de su configuración original, tal y como Dios pretendía. Busca soluciones rápidas que pueden sentar bien a corto plazo, pero que pueden tener efectos adversos a largo plazo. Por lo tanto, tener una visión clara de nuestro mundo interior y centrarnos en pensamientos positivos de acuerdo con la palabra de Dios dará forma a nuestras creencias y a la realidad y cambiará nuestras perspectivas.

Este concepto se refuerza en 2 Pedro 1:3-4, donde se afirma que Dios nos ha concedido todo lo necesario para la vida y la piedad, incluida la capacidad de participar de la naturaleza divina. "Su divino poder nos ha concedido todas las cosas que pertenecen a la vida y a la piedad, mediante el conocimiento de aquel que nos llamó a su propia gloria y excelencia, por el cual nos ha otorgado sus preciosas y grandísimas promesas, para que por ellas lleguéis a ser partícipes de la naturaleza divina, habiendo escapado de la corrupción que hay en el mundo a causa del deseo pecaminoso."

En Proverbios 23:7 (NASB), el Rey Salomón declara que "como él piensa dentro de sí mismo, así es él". Nuestros pensamientos y creencias de acuerdo con la palabra de Dios tienen un poderoso impacto en nuestras vidas, y podemos utilizar nuestra naturaleza creativa para provocar un cambio positivo. Para ello, debemos alimentar nuestra capacidad creativa y creer en nuestro potencial para crear la realidad que deseamos. Al alinear nuestros pensamientos y creencias según la palabra de Dios con nuestros objetivos, podemos plantar las semillas del cambio en nuestros corazones y verlas crecer. Los peores escenarios que imaginamos pueden convertirse en una profecía autocumplida, pero si invertimos este patrón negativo, podemos transformar nuestro futuro.

Compartiré esta última analogía de cómo el jardín de los pensamientos y la computadora son similares. Al igual que las palabras que escribimos en un teclado aparecen en la pantalla, nuestros pensamientos se manifiestan en nuestra conciencia. Sin embargo, nuestros pensamientos son pasajeros y fugaces. Una vez apagada la computadora, las palabras de la pantalla desaparecen, igual que nuestros pensamientos se desvanecen cuando desviamos nuestra atención a otra parte. A menos que guardemos intencionadamente nuestros pensamientos y memoricemos la información, ésta se perderá.

Para conservar nuestros pensamientos, podemos compararlos a descargarlos como un programa en el disco duro. Este proceso consiste en almacenar conscientemente nuestros pensamientos y recuerdos en el subconsciente meditando día y noche. Al hacerlo, nuestros pensamientos pasan a formar parte de nuestra memoria interna, lo que garantiza que se conserven incluso después que desaparezca nuestra conciencia inmediata de ellos.

Al igual que una computadora recurre a su disco duro para recuperar información almacenada previamente, podemos recuperar nuestros pensamientos de la memoria. Al descargar nuestros pensamientos en el "disco duro" de nuestra mente subconsciente, podemos acceder a ellos siempre que necesitemos recordar información específica o reflexionar sobre experiencias pasadas.

En esencia, el proceso de guardar conscientemente nuestros pensamientos es similar a descargarlos en nuestro sistema de almacenamiento mental. Una vez guardados, nuestros pensamientos siguen siendo accesibles, incluso cuando ya no están en el primer plano de nuestra conciencia. Esta capacidad de retener y recuperar nuestros pensamientos nos permite ampliar nuestros conocimientos, aprender de experiencias pasadas y dar forma a nuestra comprensión del mundo que nos rodea.

Así pues, consideremos la importancia de almacenar eficazmente nuestros pensamientos. Si tratamos nuestras mentes como discos duros metafóricos, podemos asegurarnos que nuestras valiosas ideas y percepciones no se pierdan con el paso del tiempo. Comprometámonos activamente en el proceso de descargar nuestros pensamientos, para que estén a nuestra disposición siempre que los necesitemos.

En conclusión, Dios nos ha dado el don de la imaginación y la creación para plantar las semillas adecuadas y, utilizando este don, podemos moldear nuestra vida según nuestros deseos. Plantar un hermoso jardín que produzca vida. Al alinear nuestros pensamientos y creencias con la palabra de Dios, la semilla y nuestras metas, podemos producir un cambio positivo para ver la palabra de Dios cumplida en nuestras vidas produciendo frutos y llegando a ser partícipes de la naturaleza divina. Empecemos a crear el jardín más bonito posible.

CAPÍTULO 3

LOS MUNDOS INTERIORES

Señor, tú sabes todo lo que hay que saber sobre mí. Percibes cada movimiento de mi corazón y de mi alma, y comprendes cada pensamiento antes incluso de que entre en mi mente. Tú me conoces tan íntimamente, Señor. Lees mi corazón como un libro abierto y sabes todas las palabras que pronunciaré antes incluso de que empiece una frase. Tú conoces cada paso que daré antes incluso que comience mi viaje. Te has adentrado en mi futuro para preparar el camino y, con bondad, me sigues para librarme del daño de mi pasado. Con tu mano de amor sobre mi vida, me impartes una bendición. ¡Esto es demasiado maravilloso, profundo e incomprensible! Tu comprensión de mí me trae maravilla y fuerza.
-Salmo 139:1-7 (TPT)

En el camino de nuestra vida, todos queremos saber de dónde proceden nuestras percepciones y cómo éstas afectan a nuestra personalidad. ¿Dónde se originaron? En este capítulo intentaremos responder a las siguientes preguntas:

- ¿Por qué percibo las cosas desde un determinado punto de vista?
- ¿Por qué pienso como pienso?
- ¿Por qué mi personalidad es como es?
- ¿Soy así porque Dios me hizo así, o es así como la sociedad me moldeó?

A medida que te adentres en este capítulo, verás que somos producto de nuestro entorno. No me refiero necesariamente al debate psicológico naturaleza contra educación. Me refiero a nuestros hábitos y percepciones actuales, que tienen muy poco que ver, a veces, con el ADN y nuestro acervo genético y más con los acontecimientos que han tenido lugar en nuestras vidas. La buena noticia es que podemos cambiar esto y tenemos el poder de recrear lo que somos. En su libro "Enciende tu cerebro", la Dra. Caroline Leaf afirma: "Pero ahora los científicos saben que el cerebro puede reorganizarse a lo largo de la vida, cambiando su estructura y funcionamiento sólo a través de la experiencia mental. Si el cerebro puede empeorar centrándose constantemente en el problema, entonces el cerebro puede mejorar entendiendo cómo eliminar y sustituir el problema". Como he dicho y seguiré diciendo a lo largo del libro, ¡la ciencia está alcanzando a Dios!

Es hora de que aprendamos a cambiar nuestro futuro. La mayoría de nosotros puede creer que todo lo que ha sucedido en nuestra vida se basa en decisiones que hemos tomado. Si bien esto es cierto, ¿qué pasaría si te dijera que la fuente de la que proceden estas percepciones de decisiones no se basa totalmente en tus actos? Estás a punto de ver lo que nos hace percibir como percibimos. ¿Son nuestros padres o es nuestra propia percepción? ¿Es lo que vemos en la televisión? ¿En el cine? Esto es importante porque si podemos llegar a la raíz u origen de esto, podremos hacer algo al respecto.

Imagina que intentas talar un árbol cortando sus ramas. Todos sabemos que puede crecer y, con el tiempo, volver a dar fruto. Sin embargo, si no queremos que el árbol dé frutos, debemos hacer una cosa: ¡desenterrarlo y arrancar sus raíces del suelo! Debemos atacarla en sus orígenes. Soy el primero en admitir que esto es un poco más difícil y lleva un poco más de tiempo, pero la única manera de eliminar el árbol por completo es arrancar sus raíces del suelo.

A menudo queremos una varita mágica, un conjuro de abracadabra o una pluma que nos toque la frente y haga desaparecer todas las experiencias negativas por las que hemos pasado. Pero la realidad es que tenemos que "desenterrar" cómo percibimos esas experiencias negativas. Si arrancamos las raíces del árbol, los frutos se caerán. Tenemos la capacidad divina de crear nuestro futuro y recrearlo a través de nuestros pensamientos. En Proverbios 23:7 (RV), la Biblia enseña: "Como un hombre piensa, así es él". Esta información nos obliga a responsabilizarnos y nos libera del juego de las culpas. Después de esto, tendremos la capacidad y el poder de cambiar los resultados de nuestras vidas e influir en quienes nos rodean.

Las cosas que permanecen en la oscuridad tienden a tener poder sobre nosotros, pero estamos por hablar de cómo recuperar nuestro poder. Presta mucha atención; aquí seré más técnico que en los capítulos anteriores. Analizaré más a fondo la naturaleza de las dos partes de la mente y explicaré por qué a veces tenemos problemas para controlar nuestros pensamientos.

La función del cerebro es percibir señales e interpretarlas.

Para empezar, hay señales del entorno que son externas. El cerebro recibe esta información para determinar la respuesta necesaria. Por ejemplo, supongamos que se nos presenta el estímulo de un oso. En ese caso, tu cerebro recibe esa información y la comunica al cuerpo para que libere hormonas específicas que provoquen comportamientos concretos. En este escenario, el cuerpo libera adrenalina para producir una respuesta de "lucha o huida".

También existen señales internas que sólo con el pensamiento activan determinadas sustancias químicas. ¿Has escuchado hablar alguna vez de un estudio llamado efecto placebo? se trata de ensayos controlados aleatorizados y a doble ciego. El efecto placebo se produce cuando tienes un pensamiento muy positivo de que algún medicamento puede curarte. Incluso si ese medicamento es una píldora de azúcar, el efecto placebo sólo con el pensamiento puede hacer que te cures con él activando sustancias químicas en el cerebro para curarte. Puede que un medicamento no nos cure, pero nuestros pensamientos sobre los efectos de la medicación posiblemente sí. Los estudios realizados a lo largo del tiempo han demostrado que el efecto placebo tiene mucho mérito. Sin embargo, otro efecto, el "efecto nocebo", pone de relieve cómo el pensamiento negativo puede dar lugar a un resultado negativo tras escuchar un mal diagnóstico del médico.

Quiero insistir en este punto afirmando que el pensamiento negativo puede exacerbar muchos efectos secundarios de la enfermedad. Mientras que el efecto placebo puede curarte, el efecto nocebo, causado por el pensamiento negativo, puede perjudicarte. Ambas tienen el mismo poder para afectar a tu salud sólo con el pensamiento. El poder de la mente.

Ya he utilizado este ejemplo antes, pero merece la pena volver a mencionarlo. Quiero comparar esto con la realidad virtual (RV). En la RV, la mente no conoce la diferencia entre realidad y realidad virtual, sino que va a donde tú quieras llevarla. La mayoría de nosotros vivimos con gafas de realidad virtual. Una vez que te los pones, tu percepción de la verdad es lo que ves.

Sabemos que lo que percibimos es inexacto, pero nuestra mente no distingue la diferencia. Los lentes te hacen sentir como si estuvieras en otro lugar, posiblemente en otra época. La mente no nota la diferencia; por lo tanto, libera las mismas sustancias químicas y toxinas que si estuvieras en el lugar en el que las gafas de RV te están haciendo creer que estás. Hace poco vi en Internet vídeos de personas con lentes de realidad virtual que chocaban con las paredes e incluso se caían.

Aquí comparto un caso hipotético: Tu mente actúa como si estuviera en un lugar y un tiempo distintos de su existencia actual (realidad virtual). Incluso libera sustancias químicas afines para que la experiencia sea auténtica. Aunque todo ocurrió en tu mente, tu mente no nota la diferencia. Tu cerebro responde a lo que ve y considera verdadero. Este es el poder de nuestra naturaleza creativa.

Cuando crees que tu médico o Google etiquetan tus síntomas, diciendo que tienes esto o aquello, puedes seguir experimentando los síntomas sólo con el pensamiento, aunque no tengas esa enfermedad.

La medicina no ha descubierto estas verdades sobre el poder de la mente hasta las últimas décadas. Así pues, la creencia se ha convertido en una parte esencial de la medicina, demostrada por la ciencia. Si crees que algo es bueno, puede ser bueno para ti. Si crees que es perjudicial para ti, puede serlo. Es un momento fantástico para vivir, ya que la medicina, la ciencia y Dios se unen para dar algunas respuestas muy necesarias. Y sabiendo el poder que poseemos en nuestras mentes.

Quiero compartir mi experiencia con los efectos de esta verdad. Recuerdo que, cuando tenía diez años, mi padrastro entraba a las tres de la mañana y declaraba palabras sobre mi vida. No entendía por qué decía tales atrocidades contra mí. Todos los días pronunciaba palabras negativas y, con el paso del tiempo, algunas de las palabras que pronunció sobre mi vida se convirtieron en realidad. Una cosa que me dijo fue que nunca conseguiría nada. Otra era que consumiría drogas".

A los quince años era un drogadicto que no trabajaba y mendigaba. Vivía en un edificio vacío. Al principio de mi vida, me di cuenta que si esas palabras negativas podían hacerse realidad, yo también podía hacer realidad lo contrario. A los veinticinco años, estaba libre de drogas y en camino de hacer carrera como hombre de negocios hecho a sí mismo y con éxito en todos los sentidos.

Ahora comprendo que, en aquel momento, mi subconsciente estaba grabando todo lo que mi padre decía, asimilándolo como verdad y, por tanto, manifestándolo más tarde en la vida. Eso es lo que ocurre con las palabras en nuestro subconsciente. El subconsciente se convierte en un imán para atraer lo que crees que es verdad. Las emociones irracionales provienen de comentarios grabados en tu subconsciente, que, a efectos de este libro, utilizaremos el subconsciente para simbolizar el corazón. Este es el problema, a menudo intentamos modificar nuestro comportamiento, pero a la larga no funciona. En su lugar, debemos centrarnos en el área que nos preocupa y reprogramar nuestro comportamiento. Por ello el apóstol Pablo dice: "Transformaos por medio de la renovación de vuestra mente, para que, mediante la prueba, podáis discernir cuál es la voluntad de Dios, lo bueno, lo agradable y lo perfecto" (Romanos 12:2 RVR).

La mente consciente es la guardiana de la mente subconsciente. Permítame explicarlo con un ejemplo. Antiguamente, algunas ciudades se construían con murallas protectoras. Al empleado de la entrada se le llamaba portero. Su trabajo consistía en trabajar día y noche, vigilando al enemigo. Cuando los vio comprometerse. Alertará a todos del peligro. Protege a todos utilizando el fuego o las balas para disuadir al enemigo. Esto es similar a nuestras mentes y subconscientes. La mente es donde somos conscientes de lo que ocurre, y cuando hay una palabra o un pensamiento negativo, ¡tenemos el poder de enviar una llama o una bala para alejarlo! Los pensamientos negativos del enemigo quieren entrar en tu fortaleza para destruirte desde dentro. Quiere entrar en tu mente y acceder a tu corazón. Vemos que esta batalla continúa cada día. Puede parecer imposible y complejo, pero aquí comparto una verdad espiritual: se hace más fácil con la práctica. El escritor de Hebreos lo dice de esta forma: pero la carne fuerte pertenece a los que están llenos de edad, es decir, a los que a causa del uso tienen sus sentidos ejercitados para discernir tanto el bien como el mal. (Hebreos 5:14). Menciona los sentidos como nuestros cinco sentidos (nuestro razonamiento) y los ejercicios como algo que hacemos a diario. Esta verdad puede cambiar tu vida y la de la generación siguiente. Ojalá alguien me hubiera enseñado esto a una edad temprana, pero ahora puedo compartirlo contigo.

LAS FUENTES DE NUESTRA PERCEPCIÓN

GENÉTICA

El desarrollo de características específicas a medida que crecemos es un fascinante campo de estudio que arroja luz sobre el intrincado juego entre la genética y nuestro entorno. Es un hecho ampliamente reconocido que nuestros genes, los planos biológicos heredados de nuestros padres, desempeñan un papel importante en la formación de lo que somos. Estas instrucciones genéticas están presentes en cada célula de nuestro cuerpo y constituyen la base sobre la que se construyen nuestros rasgos individuales.

Desde el momento de la concepción, nuestros genes sientan las bases de nuestro desarrollo. Determinan nuestros atributos físicos, como el color de los ojos, el tipo de pelo y la estatura. Sin embargo, los genes también influyen en aspectos de nuestra personalidad, inteligencia e incluso susceptibilidad a ciertas enfermedades. Esta compleja interacción entre genética y entorno se conoce como "naturaleza frente a crianza", y ha sido durante mucho tiempo un tema de interés para científicos e investigadores.

A lo largo de nuestra vida, nos vemos influidos tanto por nuestras predisposiciones genéticas como por el entorno en el que crecemos y aprendemos. Nuestros padres, que poseen una combinación única de rasgos genéticos, nos los transmiten sin saberlo. A través de este proceso heredamos ciertos rasgos que se parecen a los de nuestros padres, aunque no nos hayamos criado junto a ellos.

Tomemos, por ejemplo, el caso de un niño criado principalmente por su madre, mientras que su padre no está presente durante una parte significativa de sus primeros años. A pesar de la escasa exposición al padre, la madre suele comentar que el niño posee rasgos que le recuerdan al padre. Esta situación aparentemente paradójica puede atribuirse a la manera en que se heredan y expresan los genes.

Los genes pueden ser dominantes o recesivos, lo que significa que algunos rasgos tienen más probabilidades de expresarse que otros. Cuando un niño hereda un gen dominante de uno de sus progenitores, es más probable que se exprese en sus características físicas o de comportamiento. En el caso mencionado anteriormente, puede que el niño heredara ciertos genes dominantes del padre, lo que dio lugar a las similitudes que observó la madre.

Además, los genes pueden interactuar entre sí y con el entorno de manera compleja, lo que determina aún más nuestro desarrollo. El campo de la epigenética explora cómo factores externos, como la dieta, el estrés y la exposición a toxinas, pueden modificar la expresión de los genes. Estas modificaciones pueden producirse a lo largo de nuestra vida e influir en nuestro bienestar físico y mental.

Comprender el papel de la genética en nuestro desarrollo tiene implicaciones de gran alcance. Puede ayudarnos a comprender por qué ciertos rasgos son hereditarios, por qué algunos individuos son más propensos a ciertas enfermedades e incluso orientar las intervenciones médicas y los tratamientos personalizados. Además, reconocer la influencia de la genética puede fomentar la empatía y la compasión, ya que pone de relieve la individualidad única de la composición genética de cada persona.

Nuestra composición genética desempeña un papel importante en nuestro desarrollo. Los rasgos que heredamos de nuestros padres se incorporan a nuestra configuración original y contribuyen a las personas en que nos convertimos. Aunque el entorno también nos moldea, nuestros genes sientan las bases sobre las que se construyen nuestras características. Reconocer y comprender la influencia de la genética puede conducir a una apreciación más profunda de la complejidad del desarrollo humano y allanar el camino para nuevos descubrimientos en el campo de la genética.

Mente subconsciente (Nuestra Biblioteca)

Nuestra segunda fuente de percepción, la mente subconsciente, es donde se graban nuestros hábitos y experiencias aprendidos. Me gusta llamarlas nuestras bibliotecas porque es donde se escriben y se guardan todas las historias de nuestra vida. Manteniendo esta metáfora, nuestra mente subconsciente almacena nuestras creencias, valores y tradiciones como "libros". La información, o las "historias", registradas en estos libros llegan a nuestra mente consciente cuando necesitamos acceder a ellas. Estos programas se adquieren principalmente en nuestros primeros siete años de vida, en los que descargamos información de nuestro entorno para almacenarla en nuestro subconsciente. Por ejemplo, cuando somos más jóvenes, nuestra mente depende en gran medida de nuestro entorno para absorber información que transferir y almacenar en nuestro subconsciente. Aprendemos a caminar en las primeras etapas de la vida, lo que se almacena en nuestra mente subconsciente. Con el tiempo, no tenemos que pensar activamente en caminar porque se convierte en algo natural, ya que está almacenado en nuestra biblioteca de habilidades. Eso, en última instancia, libera nuestra mente consciente para pensar en otras cosas.

Como registramos esta información durante estas primeras etapas de la vida, no siempre filtramos entre verdadero y falso. Por eso es importante, a medida que envejecemos, ser conscientes de nuestros programas subconscientes, porque pueden afectar a nuestra forma de pensar.

LA MENTE CONSCIENTE

La tercera fuente de percepción es la mente consciente. La mente consciente pertenece a la programación creativa, mientras que la mente subconsciente pertenece a los hábitos aprendidos. Cuando eres consciente de los patrones de pensamiento negativos programados en tu subconsciente, puedes reescribir tu percepción de las experiencias de tu vida. Puedes devolver todo a su lugar original y convertirte en todo aquello para lo que Dios te ha creado. ¡Esto resulta revolucionario! La mente consciente es una de las cosas más poderosas del mundo. Pero muchas veces, no conseguimos maximizar su capacidad. Muchas personas no son conscientes del poder creativo que tienen en su mente consciente y que, de hecho, pueden reescribir y reestructurar su futuro reescribiendo lo que perciben hoy.

ETAPAS DEL DESARROLLO CEREBRAL

A continuación explicaremos las cinco etapas de desarrollo del cerebro y cómo se relacionan con nuestra conciencia según Bruce Lipton. Aquí compartimos un breve resumen. A medida que crecemos y nos desarrollamos, nuestro cerebro pasa de un estado Delta a un estado Beta. Esta progresión nos ayuda a conocer mejor nuestra identidad al comprender nuestras primeras experiencias vitales. Las ondas cerebrales son patrones eléctricos producidos por la actividad sincronizada de las neuronas del cerebro. Estas ondas pueden medirse mediante electroencefalografía (EEG) y se clasifican en diferentes bandas de frecuencia, como Delta, Theta, Alfa, Beta y Gamma.

Las ondas delta son las ondas cerebrales más lentas y oscilan entre 0,5 y 4 Hz. Suelen observarse durante el sueño profundo y se asocian a procesos restaurativos y regenerativos del organismo. A medida que avanzamos hacia el estado Theta, con frecuencias que oscilan entre 4 y 8 Hz, experimentamos un estado similar al sueño, un sueño ligero y una relajación profunda. Las ondas alfa, que oscilan entre 8 y 13 Hz, son dominantes cuando estamos despiertos pero en un estado de relajación con los ojos cerrados. Se asocian a un estado de ánimo tranquilo y meditativo. A medida que estamos más alerta y comprometidos, nuestro cerebro pasa a un estado beta, que oscila entre 13 y 30 Hz. Las ondas beta se asocian con la atención focalizada, la resolución de problemas y el pensamiento activo.

A lo largo de nuestro desarrollo temprano, nuestros estados cerebrales evolucionan. Los bebés presentan principalmente ondas Delta y Theta, que reflejan su necesidad de sueño reparador y de exploración del mundo. A medida que crecen, los niños pasan a los estados Alfa y Beta, lo que les permite aumentar sus capacidades cognitivas, su aprendizaje y su interacción social.

Comprender esta progresión de las ondas cerebrales puede aportar información valiosa sobre nuestro desarrollo y nuestro sentido del yo. Al reflexionar sobre nuestros primeros estados cerebrales, podemos comprender mejor cómo nos han moldeado nuestras experiencias y entornos. Este conocimiento puede ayudarnos a navegar por nuestras vidas y a tomar decisiones informadas mientras seguimos creciendo y evolucionando.

1. Ola delta: Son las ondas cerebrales más lentas asociadas con el sueño profundo y la inconsciencia.
2. Ondas Theta: Suelen estar presentes durante el sueño ligero y también se asocian con la meditación y la relajación profunda.
3. Ondas alfa: Están presentes durante la vigilia y la relajación y se asocian con un estado mental tranquilo y concentrado.
4. Ondas beta: Se asocian con el pensamiento activo, la resolución de problemas y la concentración. También están presentes durante el estrés y la ansiedad.
5. Ondas gamma: Son las ondas cerebrales más rápidas asociadas con el procesamiento cognitivo de alto nivel y la conciencia.

ESTADO CEREBRAL DELTA

Durante el estado delta de desarrollo cerebral, que abarca los dos primeros años de vida de un bebé, el niño suele funcionar a la frecuencia más baja y pasa mucho tiempo dormido o inconsciente de su entorno. Este periodo, conocido como estados cerebrales delta, se caracteriza por la falta de conciencia y la dependencia de la absorción de información del entorno.

Como seres humanos, experimentamos un importante proceso de aprendizaje durante nuestra infancia, adquiriendo numerosas habilidades sociales y familiares que nos permiten integrarnos en la sociedad. Sin embargo, en esta fase temprana, nuestras capacidades innatas no abarcan la capacidad de crear conceptos o ideas novedosos. En cambio, nuestra predisposición natural es absorber y asimilar datos indiscriminadamente.

Es durante esta fase cuando los niños demuestran una capacidad excepcional para el aprendizaje rápido y extensivo, a menudo denominado superaprendizaje o hiperaprendizaje. Sorprendentemente, los niños de esta edad pueden adquirir sin esfuerzo el dominio de varios idiomas simultáneamente, lo que demuestra su notable adaptabilidad y capacidad para absorber nueva información en cuestión de segundos.

El estado delta es un periodo crítico en el desarrollo del niño, que sienta las bases para el aprendizaje y el crecimiento futuros. Es a través de la exploración y asimilación de conocimientos durante esta fase que los bebés comienzan a dar forma a su comprensión del mundo que les rodea y adquieren las habilidades necesarias para navegar y prosperar en sus entornos sociales y culturales.

Recuerdo haber hablado con una persona a la que estaba aconsejando. En esa sesión de asesoramiento, recordó que su madre le asfixiaba y le ahogaba. Fue tan fuerte y emotivo que empezó a llorar mientras hablaba de ello. El trauma estaba grabado en su subconsciente, pero él no lo sabía. Era un recuerdo de treinta y tres años de un estado en el que la mayoría no recuerda nada. El estado delta es una parte de nosotros de la que no somos conscientes pero que sabemos que lo está grabando todo. Una poderosa percepción de su madre que quedó grabada en su subconsciente. Cada vez que alguien le decía "madre", ésta era la lente a través de la cual percibía a su madre.

Todo lo que oímos, vemos, olemos o experimentamos desde el vientre materno hasta que tenemos unos seis años, va directamente a nuestro subconsciente en forma de grabación. Todo lo que hacemos durante ese tiempo es convertirnos en precisos registradores de toda la información, ya sea buena o mala. Algunos hábitos y pensamientos se basan en grabaciones subconscientes de nuestros padres, familia, amigos, cultura, televisión y otros medios de comunicación. Todos han contribuido a lo que hemos llegado a ser. Nadie nos preguntó si queríamos descargar esta información. No teníamos voz ni voto en el entorno en el que crecimos. Estos programas que se descargaron en nuestras vidas acabaron por crear y dar forma a la persona que llegamos a ser.

Si vas a tener un hijo o eres padre o madre, sé prudente con tus palabras. El siguiente capítulo se centra en la naturaleza creativa de las palabras. Los comentarios pueden grabarse incluso en el subconsciente de los niños en el útero. En los seis primeros años de vida de un niño, su mente es programable. Se caracteriza por una mente maleable susceptible de registrar información específica.

En la escuela de sanación interior a la que asistí en Alaska, los instructores hablaron de los traumas profundos que podemos experimentar. Dijeron que incluso en el tercer trimestre, mientras está en el útero, el bebé graba su entorno. Uno de los maestros nos contó una historia real sobre lo que acabábamos de estudiar. En Alaska, es habitual que la gente tenga mantas térmicas. Cuando esta joven madre estaba embarazada de nueve meses y su manta térmica sufrió un cortocircuito y se incendió, entró rápidamente en pánico, retiró la manta y no volvió a utilizarla. Dos años más tarde, la madre ofreció a su hijo una manta térmica. Al instante entró en pánico y quiso quitarse la manta de encima. El niño estaba reaccionando a un trauma que sufrió cuando estaba en el vientre de su madre, pero no lo recordaba. Su madre se dio cuenta al instante que respondía al incidente ocurrido cuando estaba en el vientre materno, hace dos años.

ESTADO CEREBRAL THETA

El estado cerebral theta, que abarca desde los dos hasta los seis años, se caracteriza por un elevado sentido de la imaginación y una mezcla de los mundos real y ficticio durante el tiempo de juego. Los niños en este estado suelen interactuar con amigos imaginarios, lo que demuestra la viveza de su capacidad imaginativa. Estos amigos se vuelven tan tangibles en sus mentes que pueden llegar a confundirlos con entidades reales.

Además, el estado theta es fundamental en términos de desarrollo cognitivo, ya que marca un periodo de aprendizaje rápido y extenso. Los niños de esta edad poseen una asombrosa capacidad para absorber conocimientos y adquirir nuevas habilidades. Su capacidad para captar conceptos e información supera la de cualquier otro estado de desarrollo. Esto es evidente en su inclinación a corregir a los adultos cuando perciben inexactitudes y en su tendencia a repetir como loros palabras y frases que han escuchado. Es importante señalar que este estado se conoce coloquialmente como los "terribles dos años", aunque a menudo se prolonga más allá de los dos años, persistiendo hasta alrededor de los doce.

Durante el estado theta, la curiosidad de los niños alcanza nuevos hitos, impulsando su exploración del mundo que les rodea. Esta curiosidad innata actúa como fuerza motriz, impulsándoles a cuestionar, investigar y buscar la comprensión. Es a través de esta inclinación natural como los niños adquieren una comprensión más profunda de su entorno, ampliando sus conocimientos y expandiendo sus horizontes cognitivos.

Recuerdo que mi madre me regaló un perro cuando tenía seis años. Era un perro salchicha. Quería a mi perro. Un día fuimos a la tienda, le puse la correa al perro y la até a un árbol. Sin embargo, cuando regresamos, vimos la correa sin perro. Fue una experiencia traumática devastadora. Aunque pusimos carteles en el vecindario, nunca volvimos a encontrar al perro.

Ahora, más tarde en la vida, cuando miro a un perro, diría, no quiero tener nada que ver con él, mientras que cualquier otra persona podría mirarlo y ver lo lindo que es el cachorro. Sin embargo, debido al trauma que experimenté durante el estado theta, nunca más he querido tener un perro. Ahora soy mayor y puedo conectar los puntos del trauma y preguntarme: "¿Por qué percibo a ese perro de tal forma que no quiero ocuparme de él?". A la mayoría de la gente le encantan los perros; al fin y al cabo, el perro es "el mejor amigo del hombre". y tras resolver los fallos de mi subconsciente me liberé del trauma. Espero comprar un perro nuevo pronto porque mi mujer quiere un perro, y he podido desaprender mis emociones negativas hacia los perros.

Desde los seis años, la experiencia de perder a mi perro marcó toda mi perspectiva sobre los perros. Como el bebé en el vientre materno, reaccioné sólo ante el trauma. Respondía desde mi subconsciente a cada perro que veía. Ahora que soy mayor y comprendo el principio de la mente subconsciente, este trauma aflojó su control sobre mis comportamientos conscientes. Ahora comprendo que, en ese estado de mi vida, sólo registraba lo que ocurría a mi alrededor.

ESTADO DE LA MENTE EN ALFA

Durante los siguientes siete a trece años de nuestras vidas, seguimos existiendo en un estado mental de grabación programada, pero el razonamiento nos permite crear nuestros propios pensamientos a partir de programas ya descargados en nuestras vidas y nuestro entorno. Este estado influye enormemente en nuestras creencias, aspiraciones y pensamientos en nuestra vida futura. Comprender su importancia es crucial. Mientras nos desarrollamos y sentamos las bases, expertos en la materia como la Dra. Caroline Leaf destaca el profundo impacto que tienen nuestros pensamientos y nuestra autopercepción en el funcionamiento de nuestro cerebro. Esto subraya la importancia de comprender la programación que experimentamos durante este estado crítico.

Es importante reconocer que durante nuestros primeros años, concretamente en el estado Alfa, no tenemos control sobre qué creencias y valores se nos inculcan. Somos como esponjas que absorben todo lo que nos rodea. Sin embargo, armados con el conocimiento de cómo funciona esta programación, podemos embarcarnos en un viaje transformador que redefinirá quiénes somos.

El cerebro funciona en diferentes estados, y durante el estado Alfa, nuestro cerebro es muy receptivo a los estímulos externos. Esto significa que la información que encontramos durante este periodo tiene un profundo impacto en nuestra mente subconsciente. Nuestra mente subconsciente es responsable de nuestros pensamientos automáticos, hábitos y creencias, que determinan en gran medida nuestro comportamiento y nuestras decisiones en el futuro.

Durante estos estados de grabación programable, nuestro cerebro es como un lienzo en blanco esperando a ser pintado. Las experiencias, interacciones y mensajes que recibimos de nuestro entorno se imprimen en este lienzo, formando la base de nuestros sistemas de creencias. Estas creencias pueden ser positivas o negativas, fortalecedoras o limitantes, dependiendo de a qué estemos expuestos durante este estado crítico.

Si crecemos en un entorno enriquecedor y propicio, en el que se nos anima a explorar, aprender y expresarnos, es probable que nuestra programación sea positiva y fortalecedora. Sin embargo, si estamos expuestos a la negatividad, la crítica y las limitaciones, nuestra programación puede llenarse de dudas, miedo y limitaciones.

La buena noticia es que nuestros cerebros no son entidades fijas. Son muy adaptables y capaces de recablearse. Esto significa que, aunque nuestra programación inicial fuera negativa o limitadora, podemos cambiarla. Al tomar conciencia de nuestros pensamientos, creencias y autopercepción, podemos reprogramar conscientemente nuestra mente.

Ensayando mentalmente las escrituras bíblicas, las afirmaciones positivas y la visualización, podemos sustituir las creencias negativas por otras positivas. Reforzando constantemente nuevas creencias fortalecedoras, podemos crear nuevas vías neuronales en nuestro cerebro, recableado nuestros patrones de pensamiento y comportamiento.

Comprender el impacto de nuestra programación temprana nos permite tomar las riendas de nuestras vidas y forjar nuestros destinos. Nos capacita para desafiar y cambiar las creencias que ya no nos sirven y cultivar otras nuevas que se alineen con nuestro verdadero potencial. Así que, sean cuales sean nuestras primeras experiencias, tenemos el poder de liberarnos de las limitaciones que nos hayan podido imponer. Podemos elegir conscientemente las creencias y aspiraciones que nos guiarán hacia una vida plena y exitosa.

Durante mis años de formación, a la edad de 10 años, conocí un juego que tendría un profundo impacto en mi vida: el Monopoly. Poco podía imaginar entonces que este juego de mesa aparentemente inofensivo moldearía mi percepción del mundo y acabaría conduciéndome por el camino de la promoción inmobiliaria.

De niño, todo tenía una cierta verdad a mis ojos, y jugar al Monopoly se convirtió en una representación tangible de esta creencia. El juego me enseñó valiosas lecciones sobre propiedad, negociación y pensamiento estratégico. Se encendió una chispa dentro de mí, una fascinación por el concepto de poseer y desarrollar bienes inmuebles.

A los 18 años compré mi primera vivienda. Fue un momento de inmenso orgullo y logro, que validó las semillas que se habían plantado todos aquellos años. La experiencia de convertirme en propietario no hizo sino consolidar aún más mi pasión por el mundo de bienes y raíces.

A partir de ese momento, me sumergí en el ámbito de desarrollo inmobiliario. Busqué conocimientos, perfeccioné mis habilidades y aproveché todas las oportunidades para ampliar mi comprensión de esta dinámica industria. Cada proyecto emprendido se convirtió en un testimonio de la influencia que el Monopoly tuvo en mi vida, impulsándome hacia adelante con una determinación inquebrantable.

Echando la vista atrás, está claro que el Monopoly sirvió de catalizador para mi viaje al mundo de bienes y raíces. Me abrió los ojos al inmenso potencial que encierran las propiedades, inculcándome el deseo de crear, innovar y transformar espacios. Me dio la confianza necesaria para desenvolverme en las complejidades del mercado y la resistencia necesaria para superar los retos que se presentaban en el camino.

Comprender este proceso es la clave para desbloquear nuestro verdadero potencial y vivir una vida alineada con nuestra configuración original. Al comprender la relación entre nuestros pensamientos, la percepción que tenemos de nosotros y la función cerebral, adquirimos el poder de forjar nuestro propio destino. Esta sección del libro contiene ideas transformadoras que pueden ayudarnos a liberarnos de las limitaciones impuestas por nuestra programación temprana y a crear una vida que esté en armonía con nuestros deseos más profundos.

Mi intención es ofrecerle un discurso profesional e informativo sobre este tema. Al profundizar en la ciencia que subyace a nuestra programación y ofrecer estrategias prácticas para la autodefinición, pretendo dotarle de las herramientas necesarias para emprender este viaje transformador.

ESTADO CEREBRAL BETA

El estado beta abarca el periodo importante entre los trece y los veintiocho años, durante el cual los individuos se embarcan en un viaje de autodescubrimiento y formación de la identidad propia. Este estado, comúnmente conocido como adolescencia, se asocia a menudo con el concepto de "crisis de identidad", y por razones válidas.

La adolescencia constituye una coyuntura crítica para que los individuos establezcan un sentido claro de sí mismos. Los que consiguen navegar con éxito por este estado y desarrollar una identidad propia definida tienden a poseer objetivos más sólidos y un conocimiento más profundo de sí mismos que sus compañeros que luchan por liberarse de las influencias de sus padres o amigos. Es importante señalar que los adolescentes que dependen excesivamente de sus padres para la interacción social y la orientación pueden tener dificultades para dar este paso crucial hacia la autoidentidad.

Durante este periodo de transformación, los individuos se ven impulsados a explorar diversos aspectos de su personalidad, intereses, valores y creencias. Pueden experimentar con distintos papeles y comportamientos, cuestionando las normas sociales y buscando su propio camino. Este proceso de autodescubrimiento implica a menudo enfrentarse a emociones contradictorias, navegar por relaciones complejas y tomar importantes decisiones vitales.

Los adolescentes que consiguen salir de este estado con un fuerte sentido de sí mismos tienen más probabilidades de mostrar niveles más altos de confianza en sí mismos, autonomía y resiliencia. Poseen una visión más clara de sus aspiraciones y están mejor equipados para tomar decisiones informadas y alineadas con su auténtico yo.

A menudo nos convertimos en lo que nos dicen nuestros padres. Esta es una de las partes más cruciales porque las palabras se convierten en bloques de construcción que establecen nuestra estructura interna para el resto de nuestras vidas. La buena noticia es que, aunque nos alejemos de nuestra configuración original, podemos volver a ella. Si un padre nos dice que somos listos, brillantes, inteligentes y supertalentosos, estas palabras se convierten en sanos cimientos de nuestro futuro.

La Escritura afirma que "debemos educar al niño en el camino que debe seguir, para que cuando sea mayor no se aparte de él" (Proverbios 22:6 RVA). Cuando me convertí en padre, estaba implantando inconscientemente programas positivos en su mente. Mi hijo mayor se llama Sergio, pero de niño le llamaba Sergenius. Hoy tiene talento en muchos campos diferentes. Esto se debe en parte a que entrené positivamente su subconsciente, que estaba arraigado en su corazón.

"Si no entrenamos, no veremos resultados". Según la costumbre judía, enseñan la Torá a niños desde los cuatro años hasta la madurez. Los valores que los niños aprendan de ti los acompañarán toda la vida. A temprana edad se les enseña la Palabra de Dios para que cuando la mente consciente entre en juego durante el estado beta, puedan tomar decisiones acertadas porque la Palabra de Dios les da la sabiduría para tomar decisiones piadosas y saber la diferencia. Esto les sirve de base para navegar por el estado beta.

Cuando se trata de propiedades de inversión, uno de los aspectos más cruciales para tener en cuenta son los cimientos. Aunque la estética exterior e interior puede ser atractiva, es importante dar prioridad a la integridad estructural de los cimientos. Este principio es válido no sólo en el ámbito inmobiliario, sino también en nuestra vida personal.

De manera similar a los cimientos agrietados de una propiedad, nuestras vidas pueden desmoronarse bajo el peso de las presiones externas si nuestros propios cimientos están comprometidos. Lamentablemente, a menudo nos encontramos en esta situación sin ningún control sobre la grieta inicial en nuestros cimientos. Es descorazonador darse cuenta que este defecto está arraigado en nosotros desde el principio, lo que conduce al posterior deterioro de todo lo que construimos. En tales circunstancias, es importante resistirse a la tentación de culpar a los demás. Por el contrario, debemos adoptar esta visión y utilizarla en nuestro beneficio. Al reconocer la existencia de esta grieta, podemos tomar medidas proactivas para reforzar y fortificar nuestros cimientos.

Desempoderando los programas negativos que se han descargado en nuestras mentes a lo largo de los años es beneficioso. Estos programas son el resultado de creencias negativas, traumas pasados, condicionamientos sociales y dudas sobre uno mismo. Estos programas de desempoderamiento pueden manifestarse de distintas maneras. Pueden frenarnos a la hora de perseguir nuestros sueños, obstaculizar nuestro crecimiento personal e impedirnos desarrollar nuestro verdadero potencial. Crean grietas en nuestros cimientos, debilitando nuestra capacidad para sostener y alcanzar nuestros objetivos.

El primer paso para reparar nuestros cimientos es el reconocimiento. Debemos ser conscientes de estos programas de desempoderamiento que se ejecutan en nuestra mente. Esto requiere introspección, autorreflexión y la voluntad de afrontar de frente nuestros miedos e inseguridades. Una vez identificados estos programas que restan poder, podemos iniciar el proceso para solucionarlos. Esto implica cuestionar nuestras creencias negativas, replantear nuestras perspectivas y sustituir la duda por la confianza en uno mismo. Requiere un compromiso con el crecimiento personal, el autocuidado y el aprendizaje continuo.

Reparar nuestros cimientos no es tarea fácil. Requiere dedicación, paciencia y resistencia. Al igual que arreglar una casa en mal estado, puede implicar derribar viejas estructuras, reconstruir desde cero y reforzar las zonas débiles. Pero el resultado final merece la pena: unos cimientos sólidos que puedan soportar el peso de nuestros sueños y aspiraciones. Con una base sólida, podemos navegar por la vida con confianza y claridad. Podemos perseguir nuestras pasiones, superar los retos y vivir una vida con propósito. Nos convertimos en fuerzas imparables, capaces de lograr cualquier cosa que nos propongamos.

ESTADO GAMMA

El estado gamma de la actividad cerebral se caracteriza por la presencia de ondas cerebrales gamma de alta frecuencia. Estas ondas cerebrales facilitan el procesamiento simultáneo de la información procedente de distintas zonas del cerebro, lo que permite una comunicación rápida y eficaz entre las redes neuronales. Para acceder a las frecuencias gamma, habrá que estar en estado de meditación, ya que estas ondas cerebrales son las más sutiles entre las distintas frecuencias de ondas cerebrales.

En la fase gamma, el cerebro funciona a su máximo nivel de conciencia. Combina las frecuencias de las ondas beta, alfa, theta y delta, fusionándolas en una armoniosa mezcla de actividad cognitiva. Este estado único de actividad de las ondas cerebrales nos permite adentrarnos en los reinos más profundos de nuestra conciencia y modificar nuestras percepciones.

Uno de los aspectos significativos de las ondas gamma es que operan por debajo del umbral de nuestra percepción consciente. Los programas que dirigen nuestros pensamientos, emociones y comportamientos suelen almacenarse en la mente subconsciente. Al acceder y observar estos programas en la fase gamma, podemos comprender mejor los factores subyacentes que conforman nuestra percepción del mundo.

La capacidad de modificar estos programas subconscientes es clave para transformar nuestra perspectiva y alterar la forma en que percibimos la realidad. Al reconocer y comprender los patrones y creencias que impulsan nuestros pensamientos y acciones, podemos optar conscientemente por reprogramarlos, remodelando así nuestra percepción del mundo que nos rodea.

Es importante señalar que este proceso se produce por debajo de la superficie de nuestra mente consciente. Nuestra percepción del mundo no se basa únicamente en lo que vemos, sino en la compleja interacción de patrones y creencias subconscientes. Al comprometernos activamente con la fase gamma y acceder a las capas más profundas de nuestra conciencia, podemos provocar cambios profundos en nuestra percepción y, en última instancia, cambiar nuestra forma de experimentar la vida.

La fase gamma representa un estado de mayor conciencia y procesamiento cognitivo. Nos permite acceder a las profundidades de nuestra mente subconsciente, donde podemos observar y modificar los programas que conforman nuestra percepción del mundo. Al aprovechar el poder de las ondas cerebrales gamma, podemos desbloquear nuevas posibilidades de crecimiento personal, transformación y una comprensión más profunda de nuestra existencia.

Así pues, deja que este libro te sirva de guía en el camino hacia la reparación de tus cimientos. Deja que te capacite para reconocer las grietas, sortear los retos y reconstruir una base sólida. Recuerda, el gran propósito de Dios para tu vida sólo puede cumplirse cuando tienes una base lo suficientemente fuerte para sostenerlo.

CAPÍTULO 4

LA CONCEPCIÓN DEL YO

"Coche". "Avión". "Barco". "Electricidad". "Teléfono". "Computadora". "Televisión". Cada palabra que acabamos de mencionar es sólo eso: una palabra. Lo que hace que estas palabras sean esenciales para nosotros es lo que representan. Pero no siempre fue así. Hubo un tiempo en que todo lo anterior era simplemente un pensamiento. Piensa en esto un segundo. ¿Y si ninguno de estos pensamientos se convirtiera en ideas que, con el tiempo, se convirtieron en conceptos que se convirtieron en palabras que se convirtieron en cosas de las que hoy casi dependemos?

¿Y si nunca se hubiera pronunciado el discurso "Tengo un sueño" de Martin Luther King? ¿Y si John F. Kennedy nunca hubiera dicho: "No preguntes qué puede hacer tu país por ti, sino qué puedes hacer tú por tu país"? Estos dos discursos demuestran por sí solos el poder de las palabras. Provocaron cambios en las naciones. Las palabras pueden cambiarnos, pero como demuestran claramente los dos discursos mencionados, también tienen el poder de influir en el mundo.

En las Escrituras vemos el valor que Dios da a las palabras. Incluso llamó a su Hijo el Verbo. *Juan 1:1 - En el principio era el Verbo, y el Verbo era con Dios, y el Verbo era Dios.* Las Escrituras dicen que todas las cosas fueron creadas por medio de la Palabra (Hebreos 11:3). Tenemos esta naturaleza creativa, igual que Dios. Según las Escrituras, todas las cosas que vemos proceden del reino invisible y se manifiestan a través de las palabras.

LAS PALABRAS SON SEMILLAS

Cuando miramos una semilla, por fuera, todo lo que vemos es una semilla. Pero cada semilla tiene una instrucción y una tarea en su interior. Debe cumplir su tarea aquí en la Tierra. Todo lo que hacemos es plantarlo y verlo crecer. Lo que necesita viene de Dios, sol, agua y tierra.

Después de leer los primeros capítulos, ¡sabrás que nuestros escenarios originales han sido alterados por las palabras! La Palabra de Dios puede dividir la verdad y la mentira como una espada de doble filo (Hebreos 4:12 NVI), y necesitamos creer en Su palabra para contrarrestar las palabras negativas. Tanto si las palabras son positivas como negativas, una vez que las creemos acertadas, pueden convertirse en parte de lo que somos.

Es fácil ver que las palabras tienen un poder real. Dios creó el mundo con el poder de sus palabras. Era el poder creador de Dios, y nosotros también lo tenemos.

Génesis 12:6 dice: "Entonces dijo Dios: Hagamos al hombre a nuestra imagen y semejanza. Y que tengan dominio sobre los peces del mar, las aves del cielo, el ganado, toda la tierra y todo lo que se arrastra sobre la tierra". Aquí leemos la naturaleza creadora de Dios, que nos ha dado. Nos hizo seres a su semejanza, por lo que albergamos poder creador, principalmente a través de la palabra.

Las palabras hacen más que sólo transmitir información. El poder de nuestras palabras puede destruir el espíritu o incluso suscitar odio y violencia. Hay que reprender a quien dijo: "Palos y piedras pueden romper mis huesos, pero las palabras nunca me harán daño". (Vale, quizá no reprendida, pero sí rezada).

Las palabras pueden exacerbar las heridas e infligir dolor directamente. De todas las criaturas de este planeta, sólo los humanos tienen la capacidad de comunicarse mediante la palabra hablada. El poder de usar las palabras es un don único y poderoso de Dios. Debemos preguntarnos: "¿Nuestras palabras nos curan o nos hacen daño a nosotros y a los demás?".

"Porque por vuestras palabras seréis justificados, y por vuestras palabras seréis condenados" (Mateo 12:37). Pensemos en ello un momento. A menudo no nos damos cuenta del poder que tenemos. Podemos transmitir nuestros pensamientos como mensajes que otros seres humanos puedan entender. Podemos traer alegría o envenenar o crear estragos. Tenemos la extraña habilidad de hacer que alguien escape de la realidad. Este poder particular de verbalizar conversaciones y esta vía para entrar en otras mentes es un poder sobrenatural que poseemos a través de las palabras.

Un día estaba jugando al voleibol y mi equipo iba ganando. Toda la emoción se me subió a la cabeza y me burlé en voz alta del otro equipo. Mientras descansábamos, el otro equipo se cansó de perder y dejó de jugar. Conseguimos mantener el juego, pero ellos tenían una persona menos en su equipo, así que, con el espíritu de querer que el juego continuara, dije que iría en su equipo. Inmediatamente, empecé a animarlos. Nos reunimos y les dije que eran fantásticos. Eso motivó a todo el mundo y cambió su forma de ver el partido. Al final ganamos los tres partidos siguientes. Las palabras cambian la perspectiva de cualquier situación, ¡incluso del voleibol!

Tenemos la innegable capacidad de poner una sonrisa o un ceño fruncido en la cara de alguien, la habilidad de crear algo y que dure para siempre. Esto puede afectar a las personas años después que nuestros cuerpos se hayan descompuesto y convertido en polvo. Nuestra capacidad de influir en la vida de los demás es una maravillosa oportunidad que también puede verse como una terrible responsabilidad.

Las palabras unen, crean y producen perspectiva. "Perspectiva" significa "interpretación, giro, creencia, convicción, sentimiento, juicio, mente, mentalidad, noción, opinión, percepción, persuasión, sentimiento, veredicto y punto de vista". Todas estas posibilidades las crean las palabras. Son los componentes básicos de nuestra configuración original. Marcan el rumbo de todas nuestras creencias a todos los niveles, desde nuestros valores y nuestra moral hasta nuestro carácter.

Un ejemplo de ello tiene que ver con nuestros sistemas de creencias. Se establecen muy pronto en nuestras vidas. Crean lo que crean nuestros padres, es muy probable que nosotros asumamos lo mismo. Si ellos no creen en Dios, el resultado suele ser que nosotros tampoco creemos en Dios. Si me hubieran preguntado cuando era joven: "¿Cuál es tu sistema de creencias?". Habría dicho sin dudarlo: "Católico". Si me hubieras preguntado por qué respondí así, te habría dicho: "No lo sé". No sabía por qué era católica, pero sabía que mi madre lo era, y eso es lo que me dijeron que yo también era. Así que pasó a formar parte de mi programación. En los niños menores de doce años, como ya se ha comentado en el capítulo anterior, sus pensamientos no se crean a través de su entendimiento, sino de lo que les rodea.

Muchas de las opiniones que tenemos de nosotros mismos vienen determinadas por el entorno que nos rodea desde muy pronto. Si nuestras palabras tienen tanto poder, debemos asegurarnos que siempre estén llenas del poder de edificar. Como dijo el apóstol Pablo: "Y que nunca salgan de vuestra boca palabras feas u odiosas, sino que vuestras palabras se conviertan en dones hermosos que animen a los demás; hacedlo hablando palabras de gracia para ayudarles" (Efesios 4:29 TPT).

Antes de continuar, tómate un tiempo y enumera algunas palabras odiosas o feas que la gente te haya dicho, o que tú hayas dicho sobre ti mismo. Ahora, junto a esas palabras o afirmaciones, escribe lo contrario. Después, desafíate a ti mismo a decir sólo lo que está en el lado derecho de esa hoja de papel. Te prometo que te sentirás mejor contigo mismo porque hay nuevas palabras que eliges creer que son verdad sobre quién eres. A su vez, puedes empezar a dirigir palabras positivas y afirmaciones a quienes te rodean y, con un poco de suerte, mejorar también su autopercepción. Decide hoy, ahora mismo, que marcarás la diferencia en cualquier círculo o tribu de la que formes parte.

Al principio del libro, hablé de cómo el primer cerebro es nuestro subconsciente, y está en modo de grabación sobre todo al principio de la vida. Cada palabra que se nos dice en la vida queda registrada como verdad. A medida que seguimos creciendo y nuestras conciencias entran en acción, reunimos todo lo que formula nuestras mentalidades o perspectivas. En efecto, nos convertimos en ecos humanos de todas las palabras que dejamos rebotar en nuestra mente y nuestro espíritu. ¿Has escuchado alguna vez un fuerte eco en una cueva? El sonido está amplificado y es más repetitivo que las palabras originales gritadas. Cuando permitimos que las palabras dañinas y tóxicas rumien en nuestra mente, nuestra vida se hace eco de la vibración de toda la negatividad de aquellos con los que nos encontramos.

Ten en cuenta que en las fases de desarrollo de nuestra vida (en los primeros siete años, caracterizados por los estados delta y theta), no tenemos ninguna influencia sobre nuestro entorno. Aunque esto parezca injusto, durante este tiempo, nuestras vidas empezaron a dar forma a cómo pensamos sobre todo lo propio y lo ajeno, la vida y la muerte, lo bueno y lo malo. Lo sorprendente es que no tuviéramos ni voz ni voto. La esencia de lo que somos está moldeada por las palabras de los demás, sean buenas o malas. Tiene mucho que ver con nuestro entorno, padres, medios de comunicación, cultura, socios y familia. Pero si te crías en el entorno adecuado, lo normal es que te encamines hacia una vida de éxito. Nuestro entorno se convierte en "nuestro" software. Es casi como cuando se compra una computadora. Aunque puede ser potente y eficaz, mucho depende del software instalado inicialmente.

Aunque no siempre es así, si nuestra educación es la contraria (con maltrato infantil, palabras descuidadas y un ambiente hostil), tendremos más dificultades que la mayoría. Esto no es motivo para culpar enteramente de nuestra falta de éxito a nuestro entorno, pero nuestra configuración original fue alterada al principio de nuestras vidas. Gracias a Dios podemos hacer algo para solucionarlo. Podemos configurar nuestro futuro como debe ser restableciendo, renovando y volviendo a la configuración original.

La ciencia y la neurociencia han verificado que estas afirmaciones son ciertas y precisas. Las palabras crean lo que somos en el subconsciente. Proverbios 22:6 NVI dice: "Inicia a los niños en el camino que deben seguir, y aun cuando sean viejos no se apartarán de él". Esta escritura muestra la poderosa declaración de Salomón sobre los niños y la verdad. Si exponemos a los niños al conocimiento de quiénes son y de que son únicos y están llamados a la grandeza, se convierten. ¡Es una forma de crear una generación sin límites! Si tienes hijos e implementas estos ajustes en el cableado de sus corazones, ¡es más probable que crezcan y funcionen sin límites!

Cuando era más joven, conocí la mayonesa. Esta no era una mayonesa cualquiera. Se trataba de la mayonesa Hellmann's, la creación más importante que jamás haya caído sobre un bocadillo de jamón y queso. (Bueno, aparte del jamón y el queso, claro). Un día, después de haber probado la mayonesa Hellmann's en mi sándwich, mi madre intentó engañarme y me puso una mayonesa barata de imitación, y casi me muero llorando. Estoy bromeando. Supe inmediatamente que no era el original. ¿Y si pudiéramos acostumbrar a nuestros hijos a su configuración original? ¿Y si también estuvieran tan acostumbrados a los escenarios piadosos que detectaran un escenario falso y lo rechazaran? Sólo cuando se comprende la verdad puede revelarse la mentira.

La Biblia dice: "Porque cual es su pensamiento en su corazón, tal es él" (Proverbios 23:7 AMP). ¿Cuáles son las palabras que has inculcado en tu corazón? ¿Con qué frecuencia te quedas pensando en estas palabras? ¿Son palabras que crean una forma de pensar determinada? En última instancia, las palabras que creemos verdaderas sobre nosotros mismos se convierten en lo que somos. Nuestras percepciones se basan en palabras, quizá establecidas hace mucho tiempo, que nos hicieron ser quienes somos.

El objetivo principal de las palabras negativas es llegar a tu corazón. Los comentarios negativos se convierten en el ladrón de la vida y el propósito al que Dios nos ha llamado. Jesús dijo: "El ladrón sólo viene a robar, matar y destruir" (Juan 10:10 NVI).

Las palabras son como semillas y tienen ADN en su interior. Sean buenas o malas, las palabras que nos dirigen arraigan rápidamente en nuestro interior. Una vez que les permitimos entrar en nuestra mente y les prestamos atención, florecen. Esto me recuerda la historia que compartí que ocurrió a la edad de diez años, de la que hablé en el capítulo anterior sobre el poder de la programación subconsciente a través de las palabras de cuando jugaba al Monopoly. Lo que era sólo un juego se convirtió en realidad porque llegó a mi subconsciente.

Los principios esbozados a lo largo de este capítulo tienen el poder de transformar, sólo si se aplican. La aplicación del principio de las palabras puede resumirse así:

o Las palabras importan. Nos demos cuenta o no, las palabras están entretejidas en el tejido de nuestras identidades. Estas palabras se convirtieron en los fundamentos por los que ahora funcionamos positiva y negativamente.

o Debemos tener cuidado y ser más conscientes de las palabras que permitimos que se pronuncien sobre nuestras vidas, porque esas palabras contienen las semillas de aquello en lo que nos vamos a convertir.

o Tenemos el poder de elegir las semillas que crecen en nuestro interior. Ahora podemos determinar si los jardines de nuestras vidas de pensamiento estarán llenos de hierba o de maleza.

¿Eres feliz? ¿Cree que hay algo más para ti o esto es todo lo que tienes? ¿Sientes que tienes paz temporal o paz que sobrepasa todo entendimiento, como Jesús afirmó en el libro de

Filipenses? ¿Es posible que puedas crear una vida que abarque la paz que menciona Jesús? El Creador creó la creación para crear. ¿Estás creando o estás sumido en el caos? No se puede estar en las dos cosas a la vez. ¿Estás creando lo que quieres en la vida? Fuimos hechos a imagen de Dios. Su palabra creó toda la creación. Dios amaba tanto al Verbo que incluso llamó Verbo a su hijo. En los capítulos siguientes profundizaremos en la comprensión y el poder de las palabras.

La palabra griega utilizada para "palabra" es "Logos". Britannica define "Logos " como "el poder que da orden, forma y sentido al cosmos". Cuando Dios, el Padre, envió a su hijo al mundo, el apóstol Juan, uno de los discípulos más cercanos de Jesús, llamó a Jesús "la Palabra". A través de Juan, Dios nos reveló que Dios entró en el mundo y le dio orden, forma y sentido mediante su palabra. ¿No es interesante que las cosas que faltaban en la primera creación ("el mundo estaba vacío, sin forma y vacío" [Génesis 1:2 RVR]) eran las mismas cosas que Jesús abarcaba al ser el logos (orden, forma y significado) de Dios? En este capítulo veremos cómo el logos de Dios debe servirnos de ejemplo para que nuestras palabras aporten orden, forma y sentido a nuestras vidas y a las de quienes nos rodean.

"En el principio creó Dios los cielos y la tierra... la tierra estaba desordenada y vacía, y las tinieblas cubrían la superficie del abismo" (Génesis 1:1-2 NVI). Esto es muy importante Dios habló, y lo invisible se hizo visible a través de Su Palabra. Quiero que entiendas esto porque así como "Él es, así somos nosotros en este mundo" (1 Juan 4:17b RVA). Somos creados como él, poseemos el poder de las palabras para crear.

Esta es una de las muchas razones por las que delegó esa responsabilidad en los hombres del jardín cuando llegó el momento de poner nombre a los animales. Génesis 2:19-20 (NVI) dice: "Y el Señor Dios había formado de la tierra todos los animales salvajes y todas las aves del cielo. Se los llevó al hombre para ver cómo los llamaba, y el nombre que el hombre puso a cada criatura viviente fue ése. Entonces, el hombre puso nombre a todo el ganado, a las aves del cielo y a todos los animales salvajes". El nombre de una persona, lugar o cosa también indicaba la naturaleza que esa persona, lugar o cosa debía manifestar. Cuando el hombre del jardín lo llamó león, liberó dentro del león todas las características de ese león. De la misma forma, estaremos aprendiendo que nuestras palabras liberan la naturaleza divina dentro de nosotros, que está llena de rectitud, paz y alegría, o la naturaleza corrupta que viene de afuera, que está llena de pecado, miedo y duda. Podemos elegir.

"Amados, ruego que prosperéis en todo y que tengáis buena salud, así como prospera vuestra alma" (3 Juan 1: 2). Si tu cuerpo y tu mente se alinean, tu alma y tu espíritu prosperan. He invertido tanto en este tema que la Universidad Matrix nació de toda esta sabiduría. El objetivo es devolver a las personas a su configuración original. Los cimientos de la restauración están en sus palabras.

CAPÍTULO 5

BRUJAS, HECHICEROS Y OCULTISMO

Me gustaría aprovechar este capítulo para profundizar en un tema que ha cautivado las mentes de filósofos, eruditos y poetas de todas las épocas: el poder sobrenatural de las palabras. Las palabras, como sabemos, poseen una extraordinaria capacidad para dar forma a nuestros pensamientos, influir en nuestras acciones y, en última instancia, definir quiénes somos como individuos y como sociedad. Sin embargo, lo que muchos no reconocen es que el poder de las palabras puede tener dos orígenes distintos: la oscuridad y la luz.

Exploremos primero el poder sobrenatural de las palabras que surgen de la oscuridad. En lo más profundo de la historia de la humanidad, hemos sido testigos de la fuerza destructiva de las palabras utilizadas para difundir el odio, incitar a la violencia y sembrar la discordia entre comunidades. Las palabras se han empleado como armas, desgarrando naciones, matrimonios, relaciones y comunidades y alimentando conflictos que han dejado cicatrices en nuestra memoria colectiva. La oscuridad que emana de estas palabras nos recuerda la inmensa responsabilidad que tenemos cuando elegimos cómo expresarnos.

Pero en medio de esta oscuridad, también hay un destello de esperanza. Porque es a través del poder sobrenatural de las palabras como podemos arrojar luz sobre las injusticias que asolan nuestro mundo. Las palabras pueden sacar a la luz la corrupción, cuestionar los sistemas opresivos e impulsar movimientos de cambio. Piensa en los grandes discursos que han reunido a naciones, los poderosos poemas que han dado voz a los sin voz y las valientes historias que han inspirado a generaciones. Estas palabras, nacidas de la luz, tienen el potencial de iluminar el camino hacia un futuro mejor.

Las Palabras sobrenaturales de luz tienen la extraordinaria capacidad de elevar, inspirar y sanar. Pueden dar consuelo a los quebrantados de corazón, aliento a los desanimados y esperanza a los desesperados. La luz que irradian estas palabras tiene el poder de transformar vidas, encender la pasión y fomentar la unidad entre personas diversas.

En un mundo a menudo plagado de negatividad, el poder de las palabras positivas puede crear un efecto dominó de bondad y compasión. El simple hecho de decir palabras de aliento a alguien que está luchando puede tener un profundo impacto en su camino. La luz que emana de estas palabras tiene el potencial de iluminar los rincones más oscuros de nuestras almas, recordándonos nuestra humanidad compartida y el poder que tenemos para marcar la diferencia.

Así que, mientras navegamos por el vasto paisaje de la comprensión de las palabras, recordemos la dualidad de su poder. Debemos ser conscientes de la oscuridad que pueden desatar las palabras de odio y división, y esforzarnos por utilizar nuestras palabras para traer luz al mundo. Elijamos nuestras palabras con cuidado, porque tienen el poder de moldear nuestra realidad, de construir puentes en lugar de muros y de inspirar grandeza en nosotros mismos y en los demás.

El poder de las palabras es una fuerza que puede perpetuar la oscuridad o iluminar el mundo con luz. Depende de nosotros, como individuos, aprovechar este poder de manera responsable y consciente. Debemos elegir palabras que curen, palabras que inspiren, que unan, que construyan y que edifiquen. Al hacerlo, podemos crear un mundo en el que el poder de las palabras se convierta en una fuerza para el cambio positivo, una fuerza que nos acerque a la realización de un futuro más brillante y compasivo.

Sumerjámonos en un relato situado en el capítulo 12 de Mateo, en el que Jesús comienza a denotar los dos reinos y cómo ambos operan a partir de palabras habladas. "Jesús conocía sus pensamientos y les respondió: "Todo reino dividido por una guerra civil está condenado. Un pueblo o una familia divididos por rencillas se desmoronarán. Y si Satanás está expulsando a Satanás, está dividido y luchando contra sí mismo. Su propio reino no sobrevivirá. Y si yo tengo el poder de Satanás, ¿qué pasa con tus exorcistas? Ellos también expulsan demonios, así que te condenarán por lo que has dicho. Pero si estoy expulsando demonios por el Espíritu de Dios, entonces el Reino de Dios ha llegado entre vosotros." (Mateo 12:25-28 NLT)

Jesús afirma claramente la presencia de dos reinos sobrenaturales uno de luz y otro de tinieblas. Él hablaba una palabra sobre los espíritus inmundos y ellos obedecían su palabra. Jesús empezó a explicar los reinos y el hecho que no pueden enfrentarse entre sí. Eso es división. Si Satanás expulsa a todo Satanás, ¿cómo se mantendrá en pie su reino (lo que denota que hay un reino organizado de tinieblas de donde procede todo el mal)? Continúa diciendo que hay un reino de luz cuando afirma que cuando el reino de luz aparece con su superioridad, todo tiene que escuchar las palabras de Jesús, demostrando que el reino superior de Dios ha llegado todo a través de palabras que provienen de la luz. Lo dijo porque los fariseos le acusaban de ser el diablo por expulsar fuerzas oscuras. ¿Notan que ambos reinos operan bajo palabras? La diferencia es la posición del corazón. El corazón de Jesús se posiciona con el padre de la luz, mientras que el reino de las tinieblas se posiciona con el mal.

El rey Salomón afirmó en Proverbios que la lengua tiene poder de vida y muerte. Este capítulo se llama Las Brujas, los Brujos y el Ocultismo, porque solo recientemente me di cuenta que un gran factor de mi viaje de 30 años en el mundo espiritual fue que estos poderes que operan dentro del mal se logran principalmente usando palabras. Debemos comprender que el reino de la luz conduce a la vida, mientras que el reino de las tinieblas conduce a la muerte. Más adelante en el libro, te daré pruebas científicas del poder de las palabras en su frecuencia y de cómo hay palabras de alta frecuencia y palabras de baja frecuencia. Tienen un inmenso poder e influencia en nuestras vidas: las palabras y su frecuencia. Debemos entender que las palabras son los componentes básicos de la comunicación. Son las herramientas que utilizamos para expresar nuestros pensamientos, emociones e ideas. Y la posición de nuestros corazones cuando utilizamos estas palabras puede moldear nuestras relaciones, nuestras percepciones e incluso nuestra propia imagen de nosotros mismos. "¿Buscarías aceitunas colgadas de una higuera o irías a coger higos de una parra? ¿Es posible que de un mismo manantial brote agua dulce y amarga? Así tampoco un manantial amargo puede producir agua dulce" (Santiago [Jacob] 3:11-12 TPT) Lo mismo sucede con la posición de nuestros corazones y las palabras que brotan del corazón.

Las brujas y los brujos utilizan sus fuerzas oscuras para los hechizos, soy muy consciente de su poder. Utilizan palabras o hechizos pero la posición de sus corazones es hacia el lado oscuro. Utilizan las palabras principalmente para dividir, herir y difundir negatividad. Todos podemos convertirnos en brujos o brujas y destruir o ser sacerdotes y construir, podemos elegir. Vivimos en un mundo en el que a menudo las palabras se lanzan sin cuidado, sin tener en cuenta el impacto que pueden tener en los demás. La posición de nuestros corazones, cuando utilizamos un lenguaje despectivo, insultos o comentarios hirientes, puede dañar las relaciones, engendrar animosidad y crear un ambiente tóxico. ¿Te has dado cuenta alguna vez de cómo ciertas palabras, cuando se repiten una y otra vez, pierden su significado? Se convierten en ruido de fondo, perdiendo su impacto e importancia. Este fenómeno, conocido como saciedad semántica, pone de relieve la importancia de utilizar las palabras con prudencia y moderación.

Además, la posición del corazón con la que utilizamos determinadas palabras puede conformar nuestra propia autopercepción. Si utilizamos constantemente palabras negativas para describirnos, como "estúpido" o "inútil", empezamos a interiorizar estas creencias. A la inversa, nos convertimos en brujos o brujas y creamos hechizos sobre nosotros mismos.

Seguro que nunca has pensado que has hecho brujería pero cuando permitimos que las palabras negativas se repitan en nuestra mente constantemente nos convertimos en alguien que hace hechizos sobre nosotros mismos. Si usamos palabras positivas y fortalecedoras del reino de DIOS y nos ponemos las vestiduras de sacerdotes como "capaz" o "resistente", o con "Dios todo es posible" empezamos a vernos a nosotros mismos de una manera más positiva. La posición de nuestro corazón con la que nos decimos estas palabras puede tener un profundo efecto en nuestra autoestima y bienestar general. Las palabras no son meros sonidos o símbolos; encierran un inmenso poder. La posición de nuestro corazón con la que usamos las palabras puede crear vida o muerte.

En Mateo, Jesús hace una afirmación contundente "Os daré las llaves del reino de los cielos para que prohibáis en la tierra lo que está prohibido en los cielos, y para que liberéis en la tierra lo que está liberado en los cielos". Mateo 16:19 TPT. Es una afirmación contundente. Tenemos llaves que representan el poder en nuestras palabras. Las claves representan la autoridad, el acceso y los privilegios. Creo que muchas veces no entendemos el poder que tenemos. Llamamos a puertas de las que ya tenemos llave. Pero usamos la llave para cosas equivocadas en nuestras vidas y podemos aferrarnos a llaves que nunca usamos. Nos maldecimos a nosotros sin saberlo. Ponemos nuestras palabras en nuestra contra y nos convertimos en nuestros escollos. Es tan fácil dejarse llevar por la negatividad. Está a nuestro alrededor. La influencia es real. Captamos lo que vemos a nuestro alrededor, mantenemos un diálogo negativo con nosotros mismos y luego nos preguntamos por qué no ocurre nada positivo en nuestras vidas.

Tengo experiencia en este mundo de tinieblas porque, a los 25 años, alguien me dijo mi futuro utilizando las cartas del tarot. De momento, no creía lo que escuchaba. Lo miré como una broma, sólo para que la señora me dijera lo que estaba a punto de ocurrir en mi vida años más tarde, ¡cosa que ocurrió! Tenían mi atención, esto llevó mi vida al reino de la esclavitud a la oscuridad. Mi encuentro engendró para mí una realidad que duró un segmento de 10 años. En mi viaje de la oscuridad a la luz me di cuenta que, al igual que los que siguen la luz, la oscuridad también utiliza palabras y hechizos para acceder a un poder superior.

Las brujas, los brujos y el ocultismo siguen estando asociados a misteriosos poderes sobrenaturales, hechizos y encantamientos. Aunque algunos pueden argumentar que estas prácticas son inofensivas o incluso beneficiosas, es crucial reconocer los aspectos negativos que pueden derivarse de adentrarse en el mundo de la brujería. En Juan 10:7-9 (NKJV) dice, "Entonces Jesús les dijo otra vez, "De cierto, de cierto os digo, que yo soy la puerta de las ovejas. Todos los que han venido antes que Yo son ladrones y salteadores, pero las ovejas no los oyeron. Yo soy la puerta. Si alguno entra por Mí, se salvará, y entrará y saldrá y hallará pastos". Piensa en el reino espiritual con muchas puertas. Hay otras formas de entrar en el reino espiritual Jesús afirma que son ladrones que vienen a robar, matar y destruir, pero Jesús afirma que Él es el camino, Él es la puerta nadie va al Padre sino a través de Él.

En primer lugar, abordemos el concepto de hechizo. Los hechizos son conjuros o rituales realizados para manipular el orden natural de las cosas que he presenciado de primera mano. Aunque algunos pueden argumentar que los hechizos no son más que una forma de autoexpresión o una forma de manifestar deseos, debemos reconocer los peligros potenciales que entrañan. Los hechizos pueden utilizarse para dañar a otros, manipular sus pensamientos o incluso provocar dolencias físicas. El poder de controlar y manipular a los demás mediante hechizos es una grave violación de su autonomía y libre albedrío.

Además, la práctica de la brujería a menudo implica invocar entidades sobrenaturales e interactuar con ellas. Recuerdo mi visita a la República Dominicana. La médium me preguntaba con quién quería hablar. Todos se identificaban con nombres y colores, por ejemplo, una entidad se llamaba Candelo su color era el rojo. La médium se ponía un pañuelo rojo, se tumbaba, inspiraba profundamente y la entidad la poseía. Yo estaría interactuando para esa sesión con Candelo escuchando sobre cosas futuras por venir. Estas entidades, ya sean demonios, espíritus o seres de otro mundo, tienen malas intenciones. Al relacionarse con estas entidades, las brujas y los brujos se exponen al riesgo de ser influidos o poseídos por fuerzas oscuras. Esto puede llevar a perder el control sobre las propias acciones y a descender a la oscuridad y el caos, algo que experimenté durante diez años.

La búsqueda de la brujería puede conducir a una peligrosa obsesión por el poder y el control. El deseo de poder puede consumir a los individuos, cegándoles ante las consecuencias de sus actos. Recuerdo que cuando empecé mi viaje por el lado oscuro todo giraba en torno al éxito externo. Empecé mi concesionario con cuatro coches y en siete años tenía tres concesionarios con más de doscientos coches. Sólo entonces me di cuenta que el verdadero éxito no son las cosas materiales, sino la paz del corazón. En ese momento de mi vida, era exteriormente rico pero espiritualmente pobre. Esta sed de poder puede llevar a brujas y brujos a cometer actos atroces, como maldiciones, maleficios o incluso sacrificios humanos. Las consecuencias negativas de tales acciones pueden extenderse por familias, matrimonios, relaciones y comunidades, causando miedo, sufrimiento y destrucción.

Además, la práctica de la brujería suele implicar secretismo y engaño. Las brujas y los brujos pueden ocultar sus verdaderas intenciones y acciones, lo que conduce a una falta de confianza y transparencia. Este secretismo puede generar miedo y desconfianza, creando divisiones y conflictos en la comunidad. La manipulación y explotación de los demás en beneficio propio puede erosionar el tejido de confianza que idealmente mantiene unidas a las sociedades.

Aunque el mundo de las brujas y los brujos pueda parecer encantador y seductor, es esencial reconocer los aspectos negativos de su práctica. Los hechizos, las entidades sobrenaturales, la búsqueda de poder y el secretismo pueden acarrear consecuencias perjudiciales para las personas y las comunidades. Estas son todas las cosas que encontré durante mis 10 años en el ocultismo. Debemos acercarnos a estas prácticas con cautela y escepticismo, asegurándonos de no caer presa del lado oscuro de la brujería.

OCULTISMO

El Ocultismo es un portal que podemos abrir, y no lo sabemos porque a menudo no somos conscientes. Lo oculto significa algo que está escondido. Y el mayor trabajo del enemigo es que no sepas que está ahí, esa es su mayor arma en su arsenal. La ignorancia es un lugar de tinieblas, y las tinieblas son un lugar donde Satanás es el príncipe de las tinieblas. Su trabajo es mantenernos ignorantes y permitirle maniobrar a su manera en nuestras vidas. Recuerdo mi primera visita a la República Dominicana para visitar el medio. Me llevó a la habitación que ella consideraba sagrada. Allí tenía montado un altar. Era una cornisa con muchos santos en ella. En medio de la habitación había una estatua muy pequeña de Jesús. Le pregunté al médium por qué Jesús era más pequeño que todas las demás entidades. Ella respondió que todos ellos son sus ayudantes, así que son más grandes porque trabajan para él, como si de alguna forma Jesús necesitara ayuda. Esto, amigo mío, se llama ocultismo: esconder la verdad.

Te haré un pequeño resumen de cómo he podido entender el ocultismo. La mayoría de los pastores hablan desde una perspectiva distante y bíblica. Sin embargo, puedo abordar el concepto de ocultismo desde una perspectiva personal y bíblica, ya que he participado en él de primera mano durante diez años. Me senté con demonios y les hablé como si fuera algo normal. Empezó durante mi juventud porque parece que el ocultismo, la brujería o los hechizos suelen transmitirse de generación en generación. Así que, si tu madre lo hizo, lo más probable es que tú lo hagas, y sigas comprando velas, y poniendo cosas encima, y se convierta en un altar al reino de las tinieblas. Es algo que es un portal en tu vida, y normalmente crece.

Cuando tenía unos diez u once años, fui a casa de mi tía y vi cómo hacía rituales de brujería. Tenía un surtido de diferentes estatutos con rasgos sudasiáticos. Así que mi madre empezó a coleccionar estatuas para nuestra casa. Y así, me crie en estas tradiciones. Mi viaje comenzó cuando tuve mi encuentro con el ocultismo a los 25 años, sentí una conexión puesto que ya estaba bastante familiarizado con el estilo de vida. Cuando alguien lee tus cartas, hay un espíritu de adivinación, pero está abriendo un portal a un reino oscuro por el que tendrás que pagar el precio con el tiempo. Y no sabes lo profundo que el ocultismo puede hundirte en la oscuridad. Por eso se llama oculto, está oculto.

Sumerjámonos en la práctica de lo oculto, especialmente con fines malignos. Cuando pensamos en brujería, brujas y caudillos, solemos pensar en hechizos. A menudo van a este gran libro y ponen todos estos hechizos juntos. La piedra angular de los hechizos son las palabras, así que, una vez más, vemos la importancia de las palabras para determinar si estamos interactuando con el reino de la luz o con el reino de las tinieblas.

La cultura popular utiliza prácticas de la nueva era para dar valor a las piedras, los cánticos y la salvia, por nombrar sólo algunos. Hay una búsqueda del mundo espiritual, pero tras reflexionar un poco más, deberíamos plantearnos quién es la fuente que está detrás de estas prácticas. Estas cosas pueden parecer buenas, pero deben venir de Dios, el creador del mundo. Recuerda que Jesús dijo que él es la puerta de cualquier otra manera son ladrones.

Deletrear es escribir o nombrar las letras que forman palabras en secuencia. Así que eso es la ortografía, ¿no? Cualquier cosa en una frase que sea una secuencia. Una palabra hablada o formal con poder mágico, un estado de encantamiento, una fuerte influencia o atracción. Por lo tanto, los hechizos pueden ser cualquier cosa que tú digas o que alguien diga sobre ti.

En mi visita rutinaria a la República Dominicana, para encontrarme con mi médium, ella me preguntaba: "¿Qué quieres?". Y ella lo hablaba en voz alta sobre una vela para que ambos reinos de la luz y la oscuridad lo entendieran. Ambos reinos funcionan principalmente con palabras. Jesús dijo pide y se te dará, y por lo tanto, si ambos reinos operan en el mismo reino de las palabras, entonces debemos ser conscientes de las palabras que estamos escuchando y utilizando.

El poder de las palabras es poderoso. Cuando Dios nos da poder, da poder a las palabras que pronunciamos. Por lo tanto, debemos tener cuidado con nuestro discurso interior, porque lo que sea que esté pasando dentro de nosotros, ya es lo que está pasando dentro de nuestros corazones. Si has establecido una palabra o afirmación, como "Nunca voy a tener éxito", entonces teóricamente te has convertido en un brujo o bruja porque esa afirmación (hechizo) se convierte en un altar, y ese altar se convierte en lo oculto para esconderte de la verdad que Dios puso dentro de ti. Y así podemos crear altares con nuestras grafías. Si no tenemos cuidado en lo que aceptamos como nuestra identidad, tendremos una identidad alterada de verdad. Quiero que entiendas lo que Dios dice, no la opinión que tienes de ti mismo o la que alguien te ha dado. Porque en el momento en que te fijas en una opinión, esa se convierte en tu altar.

El arrepentimiento es un cambio de mentalidad. Es cambiar una verdad por una mentira. Durante los primeros 28 años de nuestra vida, estamos condicionados sobre todo negativamente por nuestras circunstancias y nuestro entorno, y nadie comprueba lo que permitimos que sea cierto. Empezamos a construir identidades en mentiras que no eran ciertas. La única forma de que algo cambie en tu vida es reconociendo lo que es la verdad y asegurándote de que llegue a tu corazón y reemplace cualquier mentira que el enemigo haya usado.

Mira lo que dice Salomón para ayudarte a comprender que cada palabra que dices tiene peso. Proverbios 18:21 (RVA) dice: "La lengua tiene poder de vida y muerte, y los que la aman comerán su fruto". Tenemos el poder de la vida y de la muerte en nuestros labios. Pero lo que quiero enfocar es tu discurso interior. Nuestras palabras tienen el poder de crear en nosotros la capacidad de ser brujos o de ser sacerdotes. Somos nosotros los que creamos estos altares. Y bueno, ¿cómo creamos altares? Vale, sabemos que los hechizos son palabras unidas. Las palabras juntas tienen poder. Y cuando hay una autoconversación negativa dentro de nosotros, entonces esas conversaciones negativas se convierten en nuestros altares. Porque nos creemos las mentiras y donde va nuestra creencia también va nuestra fe.

Así que Satanás no tiene que hacer nada más que susurrarnos negatividad, y nosotros nos la creemos y creamos altares internos. Y aunque estamos tratando de acercarnos a Dios, estamos creando lo oculto dentro de nosotros, ocultando lo que Dios tiene en nosotros. Sabemos que esta negatividad no viene de Dios porque Dios está diciendo: "Eres perfecto". Dios dice, eres completo, eres hermoso, eres el niño de sus ojos, ¿verdad? Pero creamos estos altares que son opuestos. Creamos identidades alteradas sobre estos altares. Por lo tanto, es lo contrario de lo que Dios está diciendo. Queremos que Dios se mueva en nosotros, pero no nos damos cuenta de los altares que ya hemos construido en nuestro interior y que no le sirven.

No nos damos cuenta de los votos que hemos hecho a la oscuridad. Hice un voto después de mi primer matrimonio fallido y me dije: "Nunca más me casaré". Me había convertido en brujo y había creado un altar donde rendía culto porque era mi verdad. Hice la promesa de que nunca dejaría mi corazón abierto a una mujer. Y Dios mismo tuvo que ayudarme a destruirlo. El altar que había creado tenía que romperse para que yo pudiera acoger de nuevo el amor en mi vida. Si hacemos un inventario interno de cuántos votos, conscientes o inconscientes, hemos hecho o cuántos altares hemos establecido sin darnos cuenta de las consecuencias quizá en ello encontremos nuestro cambio.

Nuestras conversaciones internas son un buen lugar para comprender lo que creemos que es verdad sobre nosotros mismos. Es un buen lugar para ir y decir: "Espera, hay algo que he creado, algún tipo de voto para el que he construido un altar. ¿Esto me ayuda o me perjudica? ¿Coincide esto con lo que Dios dice de mí?". Debemos ser conscientes de nuestro discurso interior y de los altares que hemos creado sin saberlo porque intentamos acceder a Dios mientras seguimos vistiendo ropas de brujos en lugar de ropas sacerdotales. Este conflicto interior continuará hasta que seamos conscientes y destruyamos los altares que están alterando nuestra vida desde su configuración original. Espero que esto te haya abierto los ojos a la comprensión del poder de las palabras y sus orígenes. La concienciación es el primer paso para el cambio. Más adelante en el libro, se te darán herramientas para poner en práctica que pueden ayudarte a conseguirlo.

CAPÍTULO 6

LA PRUEBA ESTÁ EN EL PUDÍN

Predicando el evangelio de la gracia durante muchos años, me di cuenta de que faltaba algo. Después de que la gente fue salvada, ellos todavía batallarían con heridas, heridas del alma, y fortalezas mentales. Recé y ayuné e inevitablemente fui conducida a Alaska, donde comenzó mi exploración de la curación interior. Este viaje despertó en mí el deseo de enseñar a todos aquellos con los que me encontraba a iniciar un camino de inteligencia emocional que, en última instancia, les capacitara para superar los obstáculos mentales que se les presentaran en la vida. Este viaje me llevó a la Dra. Caroline Leaf, Joseph Dispenza, Bruce Lipton y, más recientemente, el Dr. Masaru Emoto.

El Dr. Masaru Emoto escribió "Los significados ocultos en el agua", y sus descubrimientos han revolucionado mi forma de ver las palabras. Según el Génesis, el acontecimiento más trascendental del universo fue cuando Dios pronunció las palabras que hicieron visible lo invisible. Es un poder tremendo.

Antes de continuar con este capítulo, quiero reconocer que otros científicos han criticado los hallazgos del Dr. Emoto en su libro "Los significados ocultos en el agua". Como ocurre con muchos experimentos científicos, a menudo se cuestiona cómo se llevaron a cabo determinados procesos o cómo se registraron los resultados. Sin embargo, estoy optando por ejercer la fe y creer en la posibilidad de que muchas verdades están incrustadas en la investigación y los resultados experimentales de Emoto. Su trabajo se alinea con las verdades espirituales. También actúa como otro testigo que valida la palabra de Dios. Así pues, en lo que queda de capítulo, hablaré desde el punto de vista de la creencia en el experimento de Emoto sobre el agua y el poder de las palabras.

El elemento llamado agua guarda una estrecha relación con las palabras. El Dr. Emoto descubrió que el agua puede grabar palabras. Las palabras transportan frecuencias, según las creencias del Dr. Emoto. Fue capaz de congelar agua para ver los efectos de las palabras en el agua congelada, y sus hallazgos corroboraron la idea de que las palabras pueden afectar al agua.

"El cuerpo humano medio contiene un 70% de agua. Comenzamos nuestra vida con un 99% de agua como fetos. Cuando nacemos, somos un 90% agua, y cuando llegamos a la edad adulta, hemos bajado al 70%. Si morimos de viejos, probablemente seremos un 50% de agua; en otras palabras, existiremos principalmente como agua durante toda nuestra vida. Desde una perspectiva física, los seres humanos son agua. Cuando nos damos cuenta de esto, podemos ver la vida de otra forma y reconocer los efectos del agua en nuestras vidas" (Dr. Masaru Emoto, Los significados ocultos del agua).

Vemos en el Génesis cómo el mismo aliento de Dios se cernía sobre el agua (Génesis 1:2 NVI). Luego vemos cómo una esfera de agua se llamaba cielo mientras que otra se llamaba tierra, que se convirtió en el fundamento de toda la vida. Podemos leer cómo, una y otra vez, los pozos eran lugares donde Dios se reunía con su pueblo. Incluso en una de las conversaciones más famosas de Jesús que tenemos documentadas, está sentado junto a un pozo y le dice a una mujer samaritana: "Si conocieras el don de Dios y a quién te diriges, me pedirías y yo te daría agua viva" (Juan 4:10 NVI). Vemos claramente que el agua simboliza la vida, y debe fluir. Nótese que las aguas de las que se habla en la palabra son ríos, no aguas tranquilas. Desde este punto de vista, puedo ver cómo la gente debería vivir su vida. ¿Y cómo lo logramos? Podemos empezar por purificar el cuerpo, que es un 70 por ciento agua, para eliminar las toxinas que nos han alejado de nuestros parámetros originales de salud.

El agua y la sangre de los cuerpos de los enfermos suelen estar estancadas. Cuando la sangre deja de fluir, el cuerpo empieza a descomponerse. Si la sangre del cerebro deja de fluir, puede ser mortal. Pero ¿por qué se estanca la sangre? Podemos ver esta condición como el estancamiento de las emociones. Los investigadores modernos han demostrado que el estado de la mente repercute directamente en el estado del cuerpo. Vivir una vida plena y agradable te hace sentir mejor física, mental y espiritualmente. Por otro lado, cuando tu vida está llena de luchas, penas y dolor, tu cuerpo lo sabe. Es una de las formas en que el cuerpo te habla para decirte que algo va mal. Yo lo llamo la "luz de revisar el motor". El cuerpo está parpadeando hacia ti, diciendo: "Ayuda". Así, cuando tus emociones positivas fluyen por todo tu cuerpo, sientes una sensación de alegría en tu transición hacia la salud física, moviéndote, cambiando y fluyendo. De eso se trata la vida.

Según Juan 10:10 (NVI), Jesús vino a darnos vida y la capacidad de vivir más abundantemente. Este es el mejor momento en el tiempo cuando la ciencia está validando la verdad de Dios aunque nunca la afirmaran completamente como tal porque la ciencia y la fe son como el aceite y el vinagre, tenemos oídos para oír y sabemos que Dios está usando la comunidad científica para descubrir lo que hemos oído por muchos años. Dios está permitiendo que la palabra sea revelada y experimentada con la esperanza de que nos sumerjamos en las aguas de esta abundancia de alguna manera, forma o manera.

El Dr. Emoto declaró que "estudió el agua durante muchos años [y] darse cuenta de que el agua puede copiar información ha cambiado su vida". Tras hacer este descubrimiento en América, lo trajo de vuelta a Japón y desde entonces ha utilizado la función de copia de información del agua para ayudar a la gente a recuperar la salud". Se trata de un hallazgo profundo. No ha habido un momento más significativo que ahora porque la ciencia corrobora lo que Dios ha estado diciendo durante cientos de años. La ciencia puede comprobar directamente el poder de las palabras. Gracias al experimento de Emoto, pudo captar las frecuencias de las palabras y ver las variaciones de estas frecuencias, permitiendo que el mundo viera cómo lo invisible se hacía visible.

Cuando tu corazón está abierto a las posibilidades, te das cuenta de pequeñas cosas que pueden conducir a enormes descubrimientos. El Dr. Emoto afirma que aprendió que no hay dos copos de nieve iguales. Todos son diseños diferentes, aunque similares. Si los copos de nieve están hechos de la misma agua, ¿cómo pueden congelarse de forma diferente? ¿Qué diferencia a los copos de nieve?

Así que empezó su experimento con agua. Al cabo de dos meses, por fin consiguió una fotografía de hermosos cristales hexagonales. Emoto estaba entusiasmado. Estoy asombrado de cómo los copos de nieve empezaron la búsqueda de Emoto de hallazgos que podrían revolucionar nuestra forma de vernos a nosotros mismos, nuestros pensamientos y nuestras emociones. Como humanos, somos un 70 % agua. Y si soy un 70 % agua, ¿qué mensajes llevo? ¿Qué estoy reflejando en el mundo? A medida que continúe leyendo, verás cómo esto conecta con los hechos relacionados con el poder de las palabras pronunciadas en voz alta y el discurso interior que tenemos dentro de nosotros mismos. No necesitamos fe para creer esta verdad sobre lo que decimos en relación con el poder de las palabras, porque la ciencia viene al lado y refrenda estas verdades; lo creamos o no, la verdad es la verdad. Así que, indaguemos en los hallazgos de Emoto en su experimento.

EL AGUA ES EL ESPEJO DEL ALMA

"El agua es un espejo del alma que tiene muchas caras formándose y alineándose con la conciencia de los humanos. ¿Qué confiere al agua la capacidad de reflejar lo que se oculta en el alma?

En primer lugar, quiero asegurarme que comprendes que la existencia es vibración. El universo se encuentra en un estado constante de vibración, donde cada cosa genera su propia frecuencia encontrarás que tiene una vibración única. La ciencia de la mecánica cuántica reconoce en general que una sustancia no es más que una vibración. Cuando separamos algo en la parte más pequeña de la parte más pequeña, entramos en un mundo extraño donde todo lo que existe son partículas y ondas. Lo invisible sostiene las partículas. Según el ingeniero civil Trevor English, "cada ser humano del planeta Tierra está formado por millones y millones de átomos, que en su totalidad son un 99% de espacio vacío". Sólo esta comprensión nos lleva a otro ámbito de comprensión de cuánto espacio tenemos frente a las partículas.

Uno de sus hallazgos se refiere al agua del grifo de Tokio. Cuando intentó congelarlo para ver qué aspecto tenía, no vio nada porque incluía el cloro utilizado para desinfectarlo. Por lo tanto, al haber sido manipulado, no creó nada. Una conclusión importante de este hallazgo es que todo lo contaminado no puede convertirse en algo bello. Piensa en esta noción aplicada a nosotros si nuestros pensamientos están contaminados por pensamientos negativos, esto influye en el 70 % de lo que somos (agua). Esto es similar a cuando Dios estaba mirando sobre el agua y vio oscuridad y sin forma-caos. Sin embargo, dentro del agua natural, sin importar dónde -en manantiales naturales, ríos subterráneos, glaciares y cursos superiores de los ríos- Emotto descubrió que nacían cristales completos. Este fue uno de numerosos experimentos de Emoto sobre la cristalización del agua contaminada frente a la pura.

LA MÚSICA INTERIOR

Como seguramente sabes, la música está hecha de vibraciones, que a veces incluyen palabras. En uno de los experimentos de Emoto, colocó una botella de agua sobre una mesa y puso dos altavoces al lado, exponiendo el agua a la música. El agua estaba destilada para que pudiera ver claramente los cristales de agua. La primera música que utilizó fue la Sinfonía Pastoral de Beethoven. Los resultados fueron cristales completamente formados. Pasó a la Sinfonía n° 8 de Mozart, una agradecida plegaria a la belleza; que también formaba elegantes cristales. A continuación, utilizó el Étude en mí, Op. 10, que también le sorprendió con resultados asombrosos. El agua estaba expuesta a la música clásica, que creaba cristales bellos, elegantes y emocionantes con características distintivas. Así que, por supuesto, quiso averiguar qué pasaría con el tipo de música opuesto. Cuando hizo este experimento con música heavy metal, los resultados fueron cristales fragmentados y malformados. No intento condenar el heavy metal, pero los hallazgos de Emoto demuestran que incluso la música que escuchamos influye directamente en cómo llevamos nuestra vida. ¿Qué se está memorizando en el agua dentro de nosotros? Es una pregunta interesante.

¿Podría ser éste un factor importante en la forma en que nos comportamos y en nuestro bienestar, en lo que reflejamos al mundo y en las vibraciones que la gente percibe cuando llegamos a algún sitio? Cuando empecé a leer esto, sólo me hizo más consciente de que soy responsable de todo a lo que me expongo y que tengo una responsabilidad con mi futuro al tomar decisiones para permitir en mi vida todo lo que sólo va a añadir a mi vida, no quitar de ella. Estoy seguro que si estás leyendo esto es porque estás reflexionando sobre ti mismo y estás evaluando e incluso dándote cuenta de que lo que oyes tiene un efecto. Pero la investigación no se detuvo ahí; eso fue sólo el principio.

ESCRITOS EN LA PARED

En otro experimento, el Dr. Emoto quería ir más allá con los hallazgos, así que se preguntó: "¿Qué pasaría si etiquetáramos las botellas con palabras?". En otras palabras, escribía palabras positivas y negativas y les daba la vuelta etiquetando el agua. Usó palabras como "gracias" y "tonto". No parecía lógico que el agua pudiera "leer" los escritos, comprender el significado y cambiar de forma. Entendemos que la intención y la posición del corazón antes de escribirlo causaron un efecto diferente.

El Dr. Emoto dijo que se sentía como si él y su equipo fueran exploradores en un viaje por una selva virgen. Los resultados de este experimento conmocionarían a la comunidad científica. El agua expuesta a "gracias" formó los bellos cristales hexagonales. Al mismo tiempo, la palabra "tonto" producía cristales similares a los del agua expuesta a música heavy metal, con los cristales malformados y fragmentados.

Por favor, detente un segundo y date cuenta de las implicaciones de esto. Considera cuántas etiquetas nos han puesto y nos han llevado a convertirnos en esas etiquetas aunque no estén basadas en la verdad, porque lo que aceptamos como verdad se convierte en nuestra verdad aunque no sea válida. Las etiquetas son muy poderosas. Con este estudio, podemos profundizar nuestra comprensión de las implicaciones de las etiquetas que aceptamos como verdad, siendo que ahora sabemos que como somos 70% agua, estas etiquetas están colocando un mensaje dentro de nosotros que está resonando a través de nuestros cuerpos y causando que la naturaleza creativa equivocada se active en nosotros.

Cuando memorizamos la Palabra de Dios, nos convertimos en la Palabra. Estas son las etiquetas que debemos ponernos. Cuando estudiamos las Escrituras, no sólo las aprendemos en nuestra mente y nuestro corazón, sino también en nuestro ser, porque somos un 70% de agua, y cualquier conversación resonante que tengamos en nuestro interior es memorizada por nuestro cuerpo y, en última instancia, determina en quién nos convertimos.

Tómate un minuto para analizar estas conclusiones y, mientras piensa en ello, date cuenta de cuántas etiquetas lleva a cuestas. ¡Ahora la ciencia dice que está en tu ser! Es parte de lo que eres porque lo aceptas como verdad. La lección que podemos aprender de este experimento tiene que ver con el poder de las palabras. Las vibraciones de las buenas palabras afectan positivamente a nuestro mundo y a nosotros mismos, mientras que las vibraciones de las palabras negativas pueden destruirnos a nosotros y a quienes nos rodean. Aprender sobre el agua es como explorar el funcionamiento del cosmos o como un portal a otra dimensión. Seguiré indagando en este fenómeno de la verdad encontrada por la ciencia sólo para corroborar lo que Dios viene diciendo desde hace miles de años: que la boca tiene poder de vida y muerte.

Emoto habla de una botella en particular que etiquetó con "amor y gratitud". Era como si el agua se regocijara y celebrara creando una imagen de una flor en flor; ¡era tan hermosa que cambió su vida! Desde ese momento, el agua me ha enseñado la delicadeza del alma humana y el impacto que el amor y la gratitud pueden tener en el mundo. En Japón, se dice que las palabras del alma residen en el espíritu llamado Gato Dama, o el espíritu de la palabra. El acto de decir palabras tiene el poder de cambiar el mundo. Las palabras influyen enormemente en cómo pensamos y sentimos, y las cosas suelen ir mejor cuando se utilizan palabras positivas. Sin embargo, hasta ahora nunca habíamos podido comprobar físicamente los efectos de las palabras positivas como con el experimento del Dr. Emoto.

Imagina que todo lo que tenemos en la mente y en el corazón es el amor de Dios, y se demuestra a través de nuestra gratitud como respuesta recíproca al amor de Dios. ¿Te imaginas todo tu ser inmerso en el amor del Padre, que resuena en nuestro interior y se encuentra en nuestra mente, cuerpo y alma? Si recibiéramos todos los mensajes parecidos al amor de Dios, ¿cómo sería nuestra vida amorosa? ¿Cómo afectaría a los que nos rodean? ¿Podría ser que la comprensión de la manera en que llevamos el amor nos lleve más profundamente al conocimiento del amor del Padre? ¿No será que somos la luz dentro de la oscuridad que los demás pueden sentir cada mañana cuando nos acercamos a ellos? El amor profundo que recibimos cada mañana se convierte en el pozo de la humanidad. Quiero retarles a reflexionar sobre estos hallazgos y cómo pueden afectar a nuestras vidas. A mí me ha afectado; estoy seguro de que a ti también te afectará. Más adelante, enseñaré formas prácticas de hacerlo, pero por ahora, profundicemos aún más.

En el viaje de fe y ciencia del Dr. Emoto, se realizaron los siguientes estudios, documentados en su libro Los mensajes ocultos del agua. Pudo mostrar los efectos que tienen las palabras y las etiquetas en el agua.

AMOR Y GRATITUD/ ME PONES ENFERMO

En su investigación, escribieron palabras en un trozo de papel y envolvieron el papel alrededor de la botella de agua. En una botella escribieron amor y gratitud y, para su asombro, se formaron cristales perfectos, lo que indica que el amor y la gratitud son fundamentales para el fenómeno de la vida en toda la naturaleza.

Había otra botella en la que escribieron las palabras "Me pones enfermo" y "Te mataré". Cuando estas palabras, que indican daño a los humanos, se mostraron al agua, se crearon cristales deformes. Incluso parecía que las palabras me pones enfermo creaban la forma de un hombre con una pistola en la mano. Esto fue después de que cristalizaran el agua que estaba etiquetada.

ÁNGEL/SATANÁS

A medida que los estudios continuaban, había otra botella que estaba etiquetada como Ángel, y la otra botella estaba etiquetada como Satanás. Una vez más, los resultados fueron demasiado contundentes para ignorarlos. La palabra ángel dio lugar a un anillo de pequeños cristales unidos entre sí. Parecen un montón de pequeños diamantes, y estaban pegados para formar un círculo perfecto, mientras que la palabra Satanás forma un cristal con un bulto oscuro en el centro, algo así como mirar un agujero negro cuando miras al cielo, era informe y sin vida.

ERES GUAPO/TONTO

El Dr. Emoto realizó entonces una prueba en una escuela primaria. Después de que los niños dijeran "Eres bonito" sobre el agua. A continuación se cristalizó el agua y los resultados fueron sorprendentes. Se convirtieron en perfectos copos de nieve con diamantes en su interior, similares a todos los demás hallazgos, pero el agua que decía tonto parecía pequeñas islas desiertas sin vida. Estos descubrimientos son extraordinarios para que comprendamos sin lugar a duda que nuestras palabras transportan frecuencias y, dependiendo de la posición de tu corazón, las palabras pueden distorsionar algo o pueden crear algo. No te pedimos que tengas fe, porque estas pruebas han demostrado que las palabras de baja frecuencia nunca pueden crear nada bello.

En otro fascinante experimento científico realizado por el Dr. Emoto para investigar la posible influencia de la oración en las propiedades físicas del agua, los investigadores se propusieron examinar los efectos de las palabras habladas de afirmación sobre un lago. Para comprobar si se habían producido cambios perceptibles, se recogieron muestras del agua del lago antes y después de la intervención de un sacerdote que realizó una oración. Los resultados de este experimento fueron realmente sorprendentes. Se produjo una transformación notable en el lapso transcurrido entre la muestra inicial de agua y la muestra tomada después de la oración. Al parecer, las vibraciones generadas por la oración del sacerdote habían alcanzado y afectado a todo el lago, provocando una alteración significativa de la información o los "mensajes" contenidos en el agua.

El mecanismo exacto por el que las vibraciones de la oración influyeron en la composición y las propiedades del agua sigue siendo objeto de investigación científica. Aunque la explicación exacta aún se nos escapa, es importante señalar que numerosos estudios han demostrado anteriormente el posible impacto de factores externos, como las vibraciones sonoras, en las propiedades físicas del agua. Una posible explicación podría basarse en el concepto de resonancia, según el cual la frecuencia vibratoria de las palabras de afirmación resuena con la estructura molecular del agua, lo que provoca un cambio en sus propiedades inherentes.

Concluiré compartiendo el popular experimento de Emoto consiste en llenar tres cuencos de cristal con agua y arroz. Se llama el experimento del arroz. Durante 30 días, dirigió palabras diferentes a cada cuenco para examinar los posibles efectos del lenguaje y la intención en su contenido.

En el primer bol, el Dr. Emoto pronunciaba constantemente las palabras "gracias". Sorprendentemente, tras el periodo de 30 días, el agua y el arroz de este cuenco empezaron a sufrir un proceso de fermentación. Este resultado inesperado dejó al Dr. Emoto asombró, sugiriendo que la gratitud y el lenguaje positivo pueden tener un impacto transformador en la estructura molecular del agua y su entorno.

Por el contrario, en el segundo bol, el Dr. Emoto pronunció repetidamente las palabras "idiota". Para su sorpresa, el agua y el arroz de este cuenco se ennegrecieron con el tiempo. Este resultado indicaba una influencia negativa del lenguaje despectivo y su potencial para causar efectos perjudiciales en el medio ambiente.

Curiosamente, en el tercer tazón, el Dr. Emoto optó por ignorarlo por completo, sin pronunciar ninguna palabra específica ni dirigir ninguna intención particular hacia él. Sorprendentemente, el agua y el arroz de este cuenco también se ennegrecieron, lo que sugiere que la negligencia o la indiferencia pueden tener consecuencias negativas similares.

Estos resultados arrojan luz sobre el profundo impacto que nuestras palabras e intenciones pueden tener en nuestro entorno. El experimento de Emoto sirve para recordar que el lenguaje que utilizamos y la energía que emitimos a través de nuestras palabras pueden influir significativamente en nuestro entorno, tanto positiva como negativamente.

En un mundo en el que la comunicación desempeña un papel vital, es crucial ser conscientes de las palabras que elegimos. Este experimento nos anima a considerar las posibles consecuencias de nuestro lenguaje y nos sirve de recordatorio para cultivar un enfoque positivo y respetuoso en nuestras interacciones. De este modo, contribuiremos a crear un entorno armonioso y saludable para nosotros y los que nos rodean.

Volviendo al libro de los Proverbios, tenemos el poder de la vida y de la muerte en lo que decimos. El poder de nuestra oración se demuestra una y otra vez que es cierto; esto hace que mi alegría sea completa. Siempre creí lo que decía la Biblia y me basé únicamente en la fe para confiar en las promesas de Dios. Pero estamos en una época en la que la fe no es tan necesaria para validar lo que Dios ha estado diciendo porque, como he mencionado antes, la ciencia está consignando muchos aspectos de la palabra de Dios. Salmos 8:26 hace referencia a que somos pequeños dioses, capaces de crear a partir de lo invisible, igual que el Padre. Seamos buenos o malos, estamos creando constantemente, pero con esta sabiduría, podemos ser más intencionados con nuestras palabras porque contienen el poder de crear.

CAPÍTULO 7

LA CONVERSACIÓN INTERIOR CREA LA REALIDAD

Ahora que hemos aprendido los efectos del uso que hacemos de las palabras y de nuestros pensamientos, continuemos hablando de nuestra conversación interior. Hablar contigo mismo es un hábito al que todo el mundo se entrega. No podíamos dejar de hablarnos a nosotros mismos más de lo que podíamos dejar de comer y beber. Lo único que podemos hacer es controlar la dirección de nuestra conversación interior.

La mayoría de nosotros no somos conscientes de esta pequeña sabiduría. Nuestras conversaciones internas son a menudo la causa de las circunstancias de nuestra vida. Piensa en esto un segundo.

Se nos dice: "Porque cuál es su pensamiento en su corazón, tal es él". (Proverbios 23:7 RVA), pero ¿sabemos que el pensamiento de una persona sigue su conversación interior? En la dirección en la que quieren ir, deben dejar la conversación anterior (que se llama en la Biblia "el Viejo Hombre" y "el viejo pensamiento apestoso") y ser renovados en el espíritu de su mente. El habla es la imagen de la mente. Las palabras son poderosas, tanto que allanan el camino y nos conducen al futuro. ¿Qué estamos poniendo?

Recuerdo que, cuando era pequeño, cuando cogía el tren PATH siempre iba en el primer vagón porque quería ver lo que tenía delante. Un tren siempre llegará a una bifurcación de la vía y circulará según la dirección del maquinista. Lo mismo ocurre con nosotros. Una vez que decidimos hacia dónde ir con nuestro diálogo interno, el cuerpo, como un tren, nos sigue. Esto es profundo. Por lo tanto, para cambiar nuestra forma de hablar, primero debemos cambiar nuestra forma de pensar.

El mundo es un círculo mágico de infinitas transformaciones mentales posibles o un número infinito de conversaciones mentales posibles. Por "discurso" me refiero a esas charlas mentales que llevamos dentro. Cuando las personas descubran el poder creativo de la charla interior, se darán cuenta de su función y misión en la vida. Al principio de mi viaje para encontrarme a mí mismo, aprendí que esto era una verdad significativa. Sólo después de este descubrimiento podemos actuar de acuerdo con un propósito. Sin ese conocimiento, nos comportamos inconscientemente, pero como seres civilizados, debemos ser conscientes de nuestro parloteo interior. Todo es una manifestación de las conversaciones mentales que tienen lugar en nosotros sin que seamos conscientes de ello.

¿Alguna vez has mantenido una conversación contigo mismo y te has enfadado? - Y sólo estabas conversando contigo mismo. Piénsalo. Nuestra charla interior puede ser constructiva o destructiva. Sin embargo, debemos ser conscientes que esas conversaciones internas son el pasadizo que, en última instancia, crea nuestros destinos. Esta es una verdad poderosa. El diálogo interior de una persona atrae un futuro que cambiará su mundo para bien o para mal. Vivir sin cambiar nuestra conversación interna es una lucha de muchas cosas. Podemos dar vueltas y vueltas a los mismos sinsabores y decepciones, culpando a los demás, cuando en realidad, debemos culpar a nuestras conversaciones internas porque esto nos conduce al propósito y al destino.

Como seres civilizados, debemos ser conscientes de nuestras conversaciones internas y actuar con determinación. Mientras no se produzca un cambio en la conversación interior de una persona, su destino seguirá siendo el mismo. Tu pasado familiar será tu futuro predecible. El intento de cambiar el mundo antes de cambiar nuestro diálogo interior es una lucha contra la propia naturaleza de las cosas. Las personas pueden dar vueltas en torno a las mismas decepciones y desgracias, sin verlas como causadas por su discurso interior negativo, sino como causadas por los demás. Puede parecer descabellado, pero es una cuestión que se presta a la investigación y la experimentación. Hasta que no cambiemos nuestra forma de ver las cosas, no las veremos de otra forma; el cambio siempre empieza en nuestras conversaciones interiores.

Nuestras conversaciones interiores representan el mundo en el que vivimos, de diversas maneras: en nuestros mundos subjetivos y en las autorrevelaciones de nuestro discurso interior. Nos abandonamos a una charla interior negativa, y sin embargo esperamos conservar el mando de la vida. Nuestras conversaciones mentales actuales no retroceden al pasado, como se creía antaño. Avanzan hacia el futuro para enfrentarse a nosotros como palabras malgastadas o invertidas. "Así será mi palabra que sale de mi boca; No volverá a mí vacía, sino que hará lo que yo quiero, Y prosperará en aquello para que la envié". (Isaías 55: 11).

En la sociedad actual, a menudo no reconocemos el impacto que nuestras actitudes tienen en los demás. Nuestras perspectivas fijas, influidas por nociones preconcebidas y prejuicios, obstaculizan la bondad y la generosidad que, de otro modo, podrían florecer en nosotros. Es importante que tomemos el control de nuestro diálogo interior y practiquemos el arte de dar forma a nuestros pensamientos.

Al dirigir conscientemente nuestras conversaciones mentales, aprovechamos el inmenso poder de nuestra imaginación. Este lienzo, que Dios nos ha otorgado, nos permite transformar y crear, desatando nuestras energías creativas desde los reinos de la mente y las emociones hasta el mundo físico. Las posibilidades parecen ilimitadas, ya que el don que nos ha concedido la divinidad no tiene límites conocidos. Al abrazar esta capacidad, desbloqueamos la emoción de convertirnos en arquitectos de nuestra propia realidad. Tomamos conciencia del inmenso potencial que reside en nuestro interior para dar forma a nuestras interacciones, relaciones y, en última instancia, a nuestras vidas. Al cultivar un tono profesional en nuestro diálogo interior, fomentamos un sentido de empatía, comprensión y respeto hacia los demás.

¿Cuál es tu objetivo? ¿Coincide con tu discurso interior? Este ejercicio consciente hace que cada estado del progreso de una persona de la imaginación, el lienzo de la mente, haciendo coincidir su discurso interior a su deseo cumplido. ¿Qué aspecto tiene esto? A medida que controlamos nuestra conversación interior, adecuándola a nuestros deseos cumplidos, podemos dejar de lado todos los demás procesos. Entonces actuamos con imaginación e intención claras. Hemos imaginado la visión cumplida y continuamos las conversaciones mentales a partir de esa premisa. El discurso interior correcto es el discurso que será tuyo, y realizarás tu ideal. En otras palabras, es el discurso del deseo cumplido.

Asumir un nuevo concepto de ti mismo es cambiar tu conversación interior. Por lo tanto, en las Escrituras también se habla de revestirse de una nueva manera de pensar. Aunque los demás no la oigan, nuestra conversación interior es más productiva para las condiciones futuras que todas las promesas o amenazas audibles de la gente. Tu ideal está esperando a convertirse en realidad.

Hay dos dones que Dios ha concedido únicamente a los seres humanos y a ninguna otra criatura mortal. Estos dos dones son la mente y la palabra, y los dones de la mente y la palabra equivalen al don de la vida eterna. Si la gente usa estos dos dones correctamente, serán llevados a la verdad. Con el don de la mente y la palabra, creas las condiciones y circunstancias de la vida. "En el principio era el Verbo, y el Verbo era con Dios, y el Verbo era Dios" (Juan 1:1 NIV).

Tú y tus conversaciones internas, o palabras, sois uno. Este destello de la más profunda perspicacia enseñó a Pablo a escribir. Deshazte de tu antiguo yo y de tu forma de pensar, que era corrupta, y renueva tu mente con el espíritu y la palabra de Dios. Vestirse del hombre nuevo y ser renovado en el espíritu de su mente es cambiar su conversación interna o habla y mente.

Un cambio de diálogo es un cambio de mentalidad.

El profeta Samuel dijo: "El Espíritu de Yahveh habla por mí; su palabra está en mi lengua" (2 Samuel 23: 2). Si la Palabra del Señor estaba en la lengua del profeta, entonces la boca del Señor que pronunció la Palabra debe ser la mente del profeta, pues las conversaciones interiores se originan en la mente y producen pequeños movimientos en la lengua. El profeta nos está diciendo que la boca de Dios es la mente de la humanidad y que nuestras conversaciones interiores deben alinearse con la Palabra de Dios. Creamos vida a nuestro alrededor mientras creamos en nuestro interior.

En la Biblia se nos dice que "la palabra está muy cerca de ti. He puesto hoy delante de ti la vida y la muerte, el bien y el mal" (Deuteronomio 30:14-15). Las condiciones y circunstancias de la vida no las crea un poder externo a ti. Son las condiciones que resultan de ejercer tu libertad de elección, tu libertad de elegir las ideas a las que responderás.

Si quieres cosechar éxitos, debes planificarlos. La idea en tu mente que inicia todo el proceso es la idea que aceptas como verdadera. La mente siempre se comporta de acuerdo con el supuesto del que parte. Por lo tanto, para experimentar el éxito, debemos asumir que tenemos éxito. Hay que vivir en el nivel de la propia imaginación, y hay que emprenderlo consciente y deliberadamente. No importa si, en el momento presente, los hechos externos niegan la verdad de tu suposición. Aquí es donde entra en juego la fe. La fe es estar seguro de lo que no se ve. Si persistes en tu creencia, se convertirá en un hecho.

En los capítulos posteriores, exploraré qué escrituras específicas quieres descargar como claves fundamentales para cambiar tus conversaciones internas. Debes definir la persona que imaginas ser y luego asumir que tu visión se cumple. En la fe, esa suposición encontrará expresión a través de ti. La verdadera prueba de una religión está en su uso, pero los hombres la han convertido en algo que hay que defender. Es a ti a quien se dirigen las palabras. Bienaventurados los que creen, porque ellos verán y cumplirán las cosas que el Señor les ha dicho. Intenta concebirte como la persona que quieres ser y mantente fiel a ello. Pruébalo y verás si la vida no se amolda mejor al modelo de tu imaginación, al lienzo de la mente. Todo atestigua el uso o el mal uso de la conversación interior de la humanidad. "Escribe la revelación y hazla clara en tablas para que un heraldo pueda correr con ella". (Habacuc 2:2 NVI). La charla interior negativa, en particular la charla malvada y envidiosa, es el caldo de cultivo de futuros campos de batalla. La gente ha desarrollado un afecto secreto por estas conversaciones internas negativas a través del hábito. A través de ellas, justifican el fracaso, critican al prójimo, se regodean en la desgracia ajena y, en general, vierten su veneno sobre todos.

Ese mal uso de la palabra perpetúa la violencia del mundo. La transformación del yo requiere que meditemos sobre un marco dado -una frase que implica que nuestro ideal se realiza- y lo afirmemos interiormente de manera repetida hasta que nos veamos afectados interiormente por su implicación. Aférrate a tus nobles convicciones o conversaciones internas. Nada puede quitártelos salvo tú mismo. Nada puede impedir que se conviertan en hechos objetivos. Todas las cosas generadas de tu imaginación por la Palabra de Dios producen vida, que es tu conversación interior. Por lo tanto, cada visión y sueño cosecha sus propias palabras, que fueron pronunciadas interiormente.

El gran secreto del éxito se controla en una conversación desde un lugar de deseo cumplido. El único precio que pagas por el éxito es renunciar a tu antiguo discurso interno, que pertenece a la vieja forma de pensar. Ha llegado el momento de que muchos de nosotros tomemos conscientemente las riendas de nuestro destino.

Utilizar consciente y voluntariamente nuestra imaginación, los lienzos de nuestra mente, para escuchar y decir interiormente sólo lo que está en armonía con nuestros ideales es traer activamente el cielo a la tierra. Siempre que ejercitamos nuestra imaginación a través de la charla interior, diseñamos nuestro futuro. Piensa en tu charla interna como el pincel que utilizas para imprimir el lienzo de tu futuro. Utiliza siempre tu imaginación con maestría como participante, no como espectador. Utilizando nuestra imaginación, transformamos la energía del nivel mental-emocional al nivel físico para ampliar nuestros sentidos. Imagina que ves lo que quieres ver, oyes lo que quieres oír y tocas lo que quieres sentir. Se intensamente consciente de hacerlo. Dale a tu estado imaginario todos los tonos y sentimientos de la realidad. Sigue haciéndolo hasta que despiertes en ti la sensación de logro y alivio.

La gente se refiere a la imaginación como un juguete o "la pantalla verde". Sin embargo, es la puerta de entrada a la realidad. La imaginación es el camino hacia el estado deseado. Lo que haces en tu imaginación a través de la conversación interior es lo único importante dentro del círculo de tu pensamiento.

La imaginación es la visión divina, el lienzo de nuestra mente. La imaginación es el anticipo de las atracciones que nos depara la vida. Tú eres el director. Digamos que digo la palabra jirafa y ahora en tu imaginación aparece una jirafa. Lo único que necesitamos es que nuestras palabras se hagan visibles. Lo que ahora no comprendemos está relacionado por afinidad con las fuerzas invisibles de nuestras conversaciones interiores y los estados de ánimo que despiertan en nosotros. Si no nos gusta lo que nos ocurre, es señal inequívoca de que necesitamos un cambio en nuestra dieta mental. Respondió Jesús: "Escrito está: No sólo de pan vivirá el hombre, sino de toda palabra que sale de la boca de Dios"". (Mateo 4:4 NVI). Habiendo descubierto que la boca de Dios es la mente de las personas, deberíamos alimentar nuestras mentes sólo con pensamientos amorosos y nobles, palabras o conversaciones interiores fructíferas. Así es como construimos nuestro mundo. Deja que las encantadoras manos de Dios levanten tu hambre y tu sed hacia todo lo que es noble y tiene buena relación.

CAPÍTULO 8

EL ESTAR AL TANTO DE TU ALREDEDOR

"¿Qué tienes en la mente?" La gente nos hace esta pregunta en momentos de silencio mientras conduce por la autopista. Normalmente, respondemos con una sola palabra. "Nada", aunque normalmente no sea nada. Tenemos muchas cosas en la cabeza. Pasamos más tiempo en el mundo espiritual invisible del pensamiento que hablando. Si eres como yo, tienes demasiados pensamientos. Puede que estemos pensando en un proyecto que tenemos que terminar, en un sermón que hay que redactar, en una valla publicitaria que no soportamos o en que tenemos un poco de hambre porque hemos visto un cartel de Applebee un kilómetro más atrás. Aun así, respondemos: "Nada".

Cuando nos hacen esta pregunta no solemos pensar en nada importante. Dejábamos vagar nuestros pensamientos y alguien nos pilló haciéndolo. De alguna forma, responder con un "quiero una hamburguesa con queso porque tenía el jingle de McDonald's en bucle en mi cabeza" no parece extraordinario. Imagina tener que expresar cada pensamiento que se nos pasa por la cabeza. Sólo de pensarlo se me revuelve el estómago.

La mayoría de la gente, incluido yo, no suele ser consciente de lo que piensa. Al mismo tiempo, sabes el impacto que tus pensamientos pueden tener en ti. Por ejemplo, puedes deprimirte, enfadarte, frustrarte, sentirte solo, decepcionado, temeroso, preocupado, triste y dubitativo. En el lado positivo, algunos pensamientos pueden hacerte sonreír, reír a carcajadas, sentirte orgulloso, relajarte, tener confianza en ti mismo o, cuando pasas por delante de un McDonald's, hacer que se te antoje una Coca-Cola helada.

La mayor parte del tiempo, tus pensamientos controlan directamente cómo te sientes en un momento dado, independientemente de que seas consciente de ello. Teniendo esto en cuenta, ¿no sería estupendo poder controlar mejor lo que piensas para poder cambiar lo que sientes en cualquier momento? ¿No lo quieres? ¡Puedes conseguirlo! Como dijo Caroline Leaf: "Estamos pensando, sintiendo y eligiendo todo el tiempo".

Este capítulo pondrá en perspectiva todos los capítulos anteriores. Debemos restablecer nuestros ajustes originales en nuestras vidas porque nuestros ajustes originales han sido alterados. En mi iglesia, tenemos una caja de resonancia. Sus ajustes originales funcionaban para lo que necesitábamos, pero, por desgracia, alguien los cambió, ¡lo que hizo que sonara horrible! Automáticamente supimos que alguien había cambiado los ajustes originales y provocado una desviación en su funcionamiento. El enemigo de este mundo, incluso nuestro ego, impulsado por traumas del pasado, quiere controlar, silenciar, pulsar botones o incluso alterar tu forma de hablar. Esto se debe a que, cuando algo se altera, deja de ser adecuado o capaz de funcionar de acuerdo con su diseño o finalidad.

Cuando consideramos la anatomía de un smartphone, resulta evidente que también nuestras mentes tienen la capacidad de alterarse respecto a su configuración original. Al igual que cambiar los ajustes de un teléfono puede provocar un mal funcionamiento, alterar nuestro estado mental puede provocar una falta de funcionamiento adecuado. Es importante reconocerlo y tomar las medidas necesarias para resetear nuestra mente, igual que haríamos con un teléfono. Haciendo un hard reset intencionado, podemos restaurar nuestra mente día a día a su configuración original y optimizar su rendimiento.

Cuando nuestros escenarios originales han sido alterados, somos desplazados para aterrizar en otro lugar y no en el destino que Dios ha planeado para nosotros. Un cambio de nivel atómico en un plano desplazará y transformará el lugar donde caiga el plano. Un ligero desplazamiento hará que el avión pierda su objetivo. Lo mismo ocurre con nosotros: una experiencia traumática, una herida o un dolor en la primera infancia nos desvían de lo que Dios pretendía en un principio. El enemigo utiliza a las personas, la cultura, la familia y los amigos. Pueden utilizarse para manipular y cambiar nuestra forma de ser, pensar y ver. En este capítulo, aportaré luz a nuestra gestión del pensamiento para que nuestra vida suene bien y tenga buen aspecto y nuestro futuro sea prometedor.

En el principio, Dios creó, y después de completar algo grande, ¡miró y vio que era bueno! Así nos miró cuando nos creó en el vientre materno. Cuando nos entretejieron en el vientre materno, miró y dijo: "¡Esto está muy bien!".

Para mí, el bien siempre ha sido una versión exagerada de Dios. Si le quitas la "o" a la palabra "bien", se deletrea "dios". Por eso, cuando Dios dice que algo es bueno, es una versión ampliada de quién es Él. Cuando dijo que éramos excelentes, creo que estaba diciendo que su creación era perfecta. Es una manera más de subrayar lo bueno que es Dios. Pero algo se torció por el camino después que naciéramos, y eso es lo que debemos explorar para restablecer nuestra configuración original. Debemos volver a nuestro entorno original de asombro y adoración, un entorno que permita que la bondad de Dios reine en todos los ámbitos de nuestra vida.

Somos exploradores por naturaleza. La exploración ha cautivado a muchos hombres y mujeres y les ha atraído hacia lo que nos hace semejantes a Dios. Así lo podemos percibir en las historias de grandes exploradores como Neil Armstrong, del Apolo 11. La misión consistía en alunizar a dos hombres y traerlos sanos y salvos de vuelta a la Tierra. El 16 de julio de 1969, los astronautas Neil Armstrong, Edwin "Buzz" Aldrin y Michael Collins despegaron hacia el cielo. Sabemos que la humanidad se ha atrevido a creer en lo imposible y a conseguirlo. Llegar a la Luna era imposible hasta que lo hicieron esos tres astronautas.

También conocemos a mujeres que sobrepasaban los límites. Amelia Mary Earhart, nacida el 24 de julio de 1897, desapareció el 2 de julio de 1937. Fue pionera de la aviación y escritora estadounidense. Earhart fue la primera mujer aviadora que cruzó en solitario el Océano Atlántico. Lo que Armstrong y Earhart tenían en común era que querían crear espacios para lo imposible dejándose llevar por lo que sentían y veían en sus mentes y a los ojos de sus corazones.

"Entonces el SEÑOR me respondió y dijo: 'Escribe la visión y grábala claramente en tablas [de arcilla] para que corra el que la lea'" (Habacuc 2:2 AMP). Estoy seguro que estos grandes pioneros habían imaginado sus éxitos antes de materializarlos. La gente se vio a sí misma en la Luna antes de ensamblar una sola pieza del transbordador. Antes de explorar lo imposible, primero exploraron sus corazones para verlo. Las visiones sólo surgen de una exploración profunda de tu mundo interior. Muchos no exploran el yo donde se esconden todos los tesoros. Estos pioneros fueron exploradores interiores antes de convertirse en exploradores exteriores.

Amelia se vio a sí misma volando antes de volar. Mucho antes incluso de subir a un avión, ya podía extraer la experiencia de volar de su naturaleza creativa. Allí pudo sentir la experiencia de volar, que finalmente pudo manifestar en el mundo físico. A estas personas se las recuerda por ser intrépidas. Ser intrépido no significa que no vayas a tener miedo; significa que has superado el miedo.

Nadie recuerda a las personas miedosas porque el miedo tiene poco que ver con la naturaleza exploradora y creativa de todos nosotros. Las experiencias pasadas y los fracasos de los mencionados anteriormente no les paralizaron; pudieron mirar más allá de sus fracasos y enfrentarse al miedo de frente. Sus pasados no eran perfectos, pero no flaquearon por culpa de heridas y decepciones pasadas. En cambio, vieron el éxito en sus corazones. Para la mayoría de nosotros, no es así.

Lo vemos todo a través de las lentes de fracasos pasados como "nunca conseguirás nada grande". Quizá esto es lo que te decía tu padre cuando eras joven; ahora se ha convertido en ti. Pero esa no es la gran idea de Dios para tu vida, y ver constantemente tu vida a través de los fracasos del pasado te impide vivir tu mejor vida. Los ecos del pasado nos impiden entrar en el otro lado del miedo, donde residen las posibilidades. Estos patrones de pensamiento autodestructivos y mal gestionados no permitirán que despegue nuestra naturaleza creativa. El miedo congela nuestra naturaleza exploradora y con la comprensión del problema podemos contraatacar al miedo con la fe.

INTELIGENCIA EMOCIONAL (IE)

¿Qué es la inteligencia emocional? Entendamos primero que la Inteligencia Emocional es tu capacidad para identificar lo que sientes. En este reino invisible, es importante ser consciente en todo momento, para discernir un sentimiento particular, y cómo tus sentimientos te afectan a ti y a los que te rodean. La Inteligencia Emocional representa nuestra capacidad para controlarnos y controlar nuestras emociones a través de la conciencia de nosotros mismos y de los demás. La mayoría de las empresas de Fortune 500 tienen un test de CI (que es un número que mide la inteligencia de una persona) y de Inteligencia Emocional para los puestos más altos que implican creación de equipos y puestos directivos. Las empresas se inclinan más por contratar a candidatos con un alto coeficiente intelectual que a candidatos con un alto cociente intelectual porque los que tienen un coeficiente intelectual más alto pueden leer a los demás y crear equipos de manera más eficaz que los que tienen un cociente intelectual más alto. La capacidad de autogestionar las emociones está muy solicitada y es la última frontera para nosotros en el liderazgo, ya que la Inteligencia Emocional representa el 90% del éxito de una empresa de Fortune 500. Entonces, ¿puede ser nuestra falta de comprensión de la Inteligencia Emocional la que nos impida alcanzar todo lo que Dios quiere que seamos?

"La paz os dejo; mi paz [perfecta] os doy; no os la doy como el mundo la da. No se turbe tu corazón, ni tenga miedo [Deja que Mi paz perfecta te calme en toda circunstancia y te dé valor y fuerza para todo desafío]". (Juan 14:27 AMP). Dentro de nosotros hay un lugar de paz que sólo puede venir de Dios, un lugar donde no importa si tenemos o no tenemos. La felicidad no proviene de las cosas ni de las personas, sino de un lugar con Dios -lo llamaría el Jardín del Edén- donde no pueden entrar la preocupación ni el estrés.

Puedo ver lo emocionalmente inmadura que era en mis primeros años. Mi problema al principio de mi vida fueron las emociones reprimidas y no procesadas que enterré en mi corazón. Tomemos la palabra emoción y dividámosla en e-mociones, que significa energía en movimiento. Hace poco aprendí que todos los sentimientos que experimentamos deberían fluir a través de nosotros, pero lo que ocurre cuando las emociones no se procesan es que nos atrapan en ese momento y se quedan almacenadas dentro de nuestro corazón, por lo que nunca maduramos emocionalmente aunque exteriormente sigamos creciendo. Yo llamo a esto trauma congelado si algo te pasó cuando tenías ocho años esa parte de ti está congelada en el tiempo hasta que procesas la emoción. Una vez procesada la emoción, se devuelve a su estado actual de ahora. Más adelante te enseñaremos cómo funciona y restablecer la configuración original.

Había conseguido crear una empresa, pero mis relaciones con los empleados eran horribles. Era un dictador y, en definitiva, no era un buen líder. No tenía inteligencia emocional. Mi liderazgo se basaba en el miedo. Sin embargo, ¡no era consciente de mí mismo! No me importaban los sentimientos de los demás y me guiaba por mí misma. Tenía treinta y cinco años y la madurez emocional de un niño de diez. Un niño de diez años no es maduro ni plenamente capaz mentalmente de manejar las tareas de un adulto, especialmente su salud emocional, porque carece de comprensión, identidad y evolución.

No podía crear un entorno de trabajo sano, lo que era consecuencia de la inmadurez a nivel personal y emocional. Necesitaba crecer emocionalmente. Siempre buscaba la felicidad fuera de mí, así que a menudo estaba enfadado, y me aseguraba de que todos los que me rodeaban también lo estuvieran. Hice daño a la gente y creé un entorno de trabajo al que la gente temía ir, y el combustible de todo esto fue mi incapacidad para procesar emociones pasadas.

Ahora veo cuánto he madurado a lo largo de los años, y esto sólo ocurrió cuando me propuse ser verdaderamente feliz. La felicidad no siempre consiste en llegar a ser, sino en ser. A menudo creemos que la felicidad llegará cuando nos convirtamos en alguien importante en un campo profesional concreto o consigamos un nicho, una casa o un coche. Sin embargo, la felicidad puede venir a menudo de que vivamos el presente y seamos conscientes de las alegrías que nos rodean. Deberíamos pararnos a pensarlo un momento. Comencemos a vivir en el presente, esto fue un cambio de juego a medida que maduraba en Inteligencia Emocional.

El rey David lo escribe así: "Estad quietos y conoced que yo soy Dios" (Salmos 46:10 NVI). Podemos empezar a aplicar esta afirmación y disfrutar del "ahora". Conocer a Dios es estar en el ahora. Aquí es donde mis emociones no me dirigen, sino que puedo gestionarlas mejor. Elijo estar en el ahora. Decidí no ponerme los lentes de realidad virtual y disparar al futuro o al pasado, sino permanecer en el ahora, donde Dios quiere estar en comunión contigo y conmigo. Los próximos capítulos enseñarán formas tangibles de aplicar esta práctica.

Recuerdo que fui a la República Dominicana con unos amigos. Todos querían ir a montar a caballo, así que les seguí. Antes de subirnos a los caballos, el personal nos enseñó a manejarlos. Estos caballos son poderosos y peligrosos, sobre todo cuando la gente no sabe manejarlos. Soy un poco bromista, así que estaba en mi pequeño mundo mientras se impartían las instrucciones. Una cosa importante que me dijeron fue que llevara pantalones largos, pero me puse pantalones cortos porque no estaba prestando atención. Cuando nos dirigimos hacia los caballos, mi actitud fue: "Lo tengo controlado", pero obviamente no fue así. Así que me asignaron un caballo y empezamos a movernos cuando me puse en la fila. Todo iba bien hasta que mi caballo decidió que quería correr. De repente, se salió de la fila y empezó a ir más rápido. No tenía control mientras la velocidad del caballo aumentaba, y el caballo corría cada vez más rápido. Estaba por todas partes. El sillín me raspaba las piernas, por lo que era necesario llevar pantalones largos. El personal gritó: "¡Jala la rienda! ¡Jala la rienda!", pero no podía entenderlo debido a todos los rebotes que se estaban produciendo. Había creado toda una escena nada grada.

El encargado acercó su caballo a mi lado, cogió las riendas y jalo con todas sus fuerzas. Yo también jale y, finalmente, el caballo se detuvo. Cuando me detuve y miré, vi que los laterales de mis piernas estaban raspados y sangraban porque no había llevado los pantalones correctos y no había prestado atención a cómo controlar al caballo durante el entrenamiento. Lo que se suponía que iba a ser una experiencia alegre se convirtió en una pesadilla.

Nuestras emociones suelen ser similares. Nos harán daño a nosotros y a los demás si no sabemos controlarlos. Lo que se supone que debería ser una vida feliz se convierte en una pesadilla, todo porque no podemos controlar nuestras emociones. No sabemos cómo jalar las riendas y tomar el control.

COSAS QUE NOS PARALIZAN

Trabajé en el sector del automóvil durante más de veinticinco años y, con el paso de los años, se me dio bien discernir qué le pasaba a un coche por cómo sonaba. Cada vez que llevaba un coche al mecánico, me preguntaba qué ruido hacía y, después de muchos años, adopté la habilidad. Por el sonido del coche, pude determinar el problema. Se me dio tan bien que, aunque ya no me dedico a los coches, si entro en un vehículo y oigo un ruido, sé inmediatamente lo que hay que revisar.

Cuando oí uno de estos ruidos y pude determinar el problema, lo único que tuve que hacer fue comprar la pieza que había que sustituir. Había veces en que no podía resolver el problema de oído; acudía a un mecánico y éste sacaba la artillería pesada, que consistía en una computadora de diagnóstico de $15,000 dólares. Lo conectaba a la computadora del coche y tenía la respuesta en cuestión de minutos.

El mecánico no empezaría a trabajar en el coche a menos que pudiera identificar con precisión el problema y sustituir esa pieza para corregir su sonido. Lo mismo ocurre con nosotros; muchas veces no activamos el discernimiento para ver o escuchar los problemas de nuestra vida; ésa es la única razón por la que muchas personas acuden a los terapeutas. Mientras hablan, el terapeuta escucha para oír y precisar el problema. Sin embargo, puedes hacerlo si aprendes a escucharte, oírte y verte a ti mismo. ¿Sabías que podemos hacerlo? Como ya se ha mencionado, Caroline Leaf lo denomina Ventaja de Perspectiva Múltiple (MPA). En neurociencia, se denomina metacognición. Este método describe la capacidad de alejarse de uno mismo y observar y ver las propias acciones desde distintos ángulos para determinar de dónde proceden.

Fuimos creados, como Dios, para observar y ser conscientes de nuestros pensamientos. Ningún otro ser tiene esta capacidad. ¡Podemos selah (pausa) entre decisiones! El apóstol Santiago dice: "Sabed esto, mis amados hermanos: que todo hombre sea pronto para oír, tardo para hablar, tardo para airarse" (Santiago 1:19 RVR). Con práctica y persistencia, nos convertiremos en expertos en gestión del pensamiento. Alguien emocionalmente inteligente es muy superior a la mayoría. Esto afectará a nuestras carreras, a nuestras relaciones y a la vida en su conjunto.

En Romanos 12:2 (NVI), Pablo dice que renovar la mente es como cambiar las piezas rotas e intercambiar unas con otras. Según este principio espiritual, renovar nuestras mentes es renovar nuestros motores y transformar nuestros corazones. Nos convertiremos en seres plenos y completos a los que no les falte de nada. Nuestras vidas serán vidas que suenen bien, de la forma que Dios quiso que fueran. Esto requerirá tiempo, esfuerzo y persistencia mientras trabajamos en nuestros corazones.

Tómate un tiempo durante el día para escuchar y darte cuenta de qué área de tu vida necesita cambios en tu corazón. Todos los coches tienen una luz de revisión del motor para avisarte de que algo va mal. La luz del motor se enciende cuando sentimos dolor. Puede ocurrir cuando ves a alguien o recuerdas algo del pasado que te hizo daño. Tu corazón te dice: "Hay algo que va mal y que hay que solucionarlo". Cuando ignoramos las luces de control del motor de nuestro corazón y dejamos desatendidas esas zonas de dolor, heridas y traumas, corremos el riesgo de no vivir nunca la vida tal como fue concebida.

Una vez iba en coche con mi esposa a una conferencia y se encendió el testigo de revisión del motor. Inmediatamente me aconsejó que parara para ver qué pasaba. Insistí en esperar hasta más tarde para abordar el problema. No sabía que el coche funcionaba sin aceite. Momentos después, el vehículo se apagó. Más tarde descubrimos que el motor estaba atascado, y el coche ya no servía porque el motor era el corazón del coche. Lo mismo ocurre con nosotros. Si seguimos ignorando las señales del corazón, tarde o temprano estallará el caos en nuestras vidas a través de la enfermedad, la inestabilidad emocional y la mala salud mental. A diferencia de mi coche, para el que podría comprar un motor nuevo, no podemos comprar un corazón nuevo.

Esto es un viaje, no una carrera. Es un viaje de por vida para restablecer todos tus ajustes a sus valores originales. No seas duro contigo mismo. Al final, con la práctica, te convertirás en un excelente mecánico del corazón. Habrá momentos en los que no puedas oírlo ni verlo, pero esos son los momentos en los que sacas la artillería pesada. Una computadora de diagnóstico funciona como el Espíritu Santo. Cuando te adentras durante tu tiempo de silencio, presenta tus preocupaciones al Espíritu de Dios dentro de ti. Él tiene todas las respuestas, y te dará un diagnóstico completo y te dirá dónde necesitas cambiar tu mente y tu corazón.

EFECTOS DE UNA VIDA MENTAL MAL GESTIONADA

En un estudio pionero realizado por la Asociación Médica Americana, se descubrió que el estrés desempeña un papel importante en aproximadamente el 90% de las enfermedades y dolencias que afectan a las personas hoy en día. Este hallazgo arroja luz sobre la naturaleza omnipresente del estrés y subraya la importancia de comprender su propósito en nuestras vidas. La falta de Inteligencia Emocional puede perjudicarnos.

Contrariamente a la creencia popular, el estrés cumple una función fundamental para nuestro bienestar fisiológico y psicológico. Es una respuesta innata diseñada para protegernos y prepararnos ante situaciones difíciles. Ante una amenaza o demanda percibida, nuestro cuerpo libera hormonas del estrés, como la adrenalina y el cortisol, que desencadenan una cascada de cambios fisiológicos. Estos cambios nos permiten responder eficazmente a la situación, aumentando nuestras posibilidades de supervivencia y éxito.

Sin embargo, cuando el estrés se vuelve crónico o abrumador, puede tener efectos perjudiciales para nuestra salud. La exposición prolongada a las hormonas del estrés puede alterar varios sistemas corporales, como el inmunitario, el cardiovascular y el nervioso. Esto puede provocar una serie de problemas de salud física y mental, desde enfermedades cardiovasculares y trastornos gastrointestinales hasta ansiedad y depresión.

En la antigüedad, hace mucho tiempo, no había casas para protegerse. Vivíamos en la naturaleza. Si aparecía un oso, no podíamos decir: "Mira qué bonito es", ni acariciarlo; teníamos que apartarnos. Cuando el miedo se instala, hace que el cuerpo libere cortisol, una sustancia química que se libera para movilizar la lucha o la huida. Una vez que el oso se ha perdido de vista y ha cesado el caos, no seguimos con la mentalidad de correr. A veces podemos vivir nuestra vida con la misma mentalidad que si el oso siguiera persiguiéndonos, aunque la persecución haya pasado. Se trata de una vida mental mal gestionada que conduce a la enfermedad.

En psicología, esta vida mental mal gestionada puede denominarse trastorno de estrés postraumático (TEPT). Un ejemplo típico es alguien que va a la guerra, y cuando vuelve a casa, y la batalla ha terminado hace tiempo, la mente sigue en modo de combate. Su mente sigue creyendo que están en guerra. La guerra ha terminado, pero la mente de la persona no se apaga. El organismo libera las sustancias químicas necesarias para reaccionar ante las señales externas de peligro. Pero ¿qué ocurre cuando esta reacción no se detiene? Nos quedamos atrapados en nuestra mente dentro del caos del pasado aunque nuestro entorno esté en paz. Además, mientras esto ocurre, estás diciéndole al cuerpo, sólo con el pensamiento, que hay un peligro inminente. Esto hará que el cuerpo reciba energía para funcionar y ninguna para curarse. La respuesta de lucha o huida no es la reacción adecuada si no estás en un lugar de peligro.

¿Adivina qué le ocurre a tu sistema inmunitario durante una reacción de estrés? El cuerpo está tomando toda su energía y poniéndola en otro lugar. Imagínate que tu sistema inmunitario se contrae porque está estresado. No se puede estar estresado y tranquilo al mismo tiempo. La paz nos permite acceder a nuestra naturaleza creativa, mientras que el estrés puede inhibirla. El estrés es tu naturaleza caótica. El caos no debería ser el estado constante en el que operamos y vivimos. Pensamos y seguimos pensando en cosas negativas. ¿Y adivina qué pasa? Le estás indicando a tu cuerpo que "corre, Forrest, corre", aunque estés en casa. Y eso puede ser desencadenado por cualquier persona o cosa que haya puesto estrés en tu vida. Puede que parezcas relajado, pero tu mente está en marcha. ¿Por qué? Lo activaste con tu pensamiento. Podemos controlarlo con la mente sobre la materia.

LA GÉNESIS DEL PENSAMIENTO

Comprende que no sólo está leyendo. Mis palabras son aire. No oyes mis palabras, pero las estás leyendo. Y de alguna forma, algo está pasando en tu cerebro ahora mismo. Se está creando algo que podrás volver a ver más adelante. ¿Acaso no es increíble? Creamos constantemente. Nuestro problema es la retención. ¿Cómo retenemos las cosas en nuestra mente? Es por repetición. Es fácil mantener el dolor del pasado, pero es difícil retener las promesas de Dios para el futuro y vivir en el ahora.

¿Alguna vez ha guardado algo, se ha olvidado de ello y se ha dado cuenta de que lleva tres o cinco años pagando sesenta dólares al mes en concepto de almacenamiento? Puede que entonces se haya dado cuenta que podría haber comprado el artículo almacenado tres veces. Pero estabas pagando por almacenar algo que no tenía ningún valor en tu vida. Perdía valor a diario, y tú lo mantuviste en tu vida mientras seguía depreciándose.

Lo mismo ocurre con nuestros traumas emocionales del pasado, estamos pagando para que estas historias se almacenen en experiencias que conducen al desarrollo de emociones no resueltas. Estas emociones no resueltas, si no se procesan adecuadamente, pueden manifestarse como traumas que arrastramos hasta la edad adulta. El impacto de estos traumas puede ser importante, y a menudo nos hace pensar en el pasado y nos impide avanzar de manera sana y positiva.

Es importante reconocer que los acontecimientos negativos que vivimos en nuestra juventud forman parte de nuestra historia personal. Sin embargo, también debemos reconocer que tenemos el poder de separar estos acontecimientos de las emociones negativas a las que se han asociado. Al hacerlo, podemos empezar a liberarnos de las cadenas del pasado y vivir nuestra vida de una forma más plena y presente.

En el ámbito de la guerra espiritual, la escritura en 2 Corintios 10:5 nos instruye a llevar cautivo todo pensamiento. Este lenguaje de guerra implica la necesidad de un plan de batalla, un enfoque estratégico para tratar los pensamientos que entran en nuestra mente. Cuando hacemos cautivo un pensamiento, primero debemos cuestionar su origen y sus motivos. ¿Es un pensamiento de Dios? ¿Cómo me hace sentir? ¿Es un plan del enemigo? ¿Tiene sus raíces en la luz o en la oscuridad? Es esencial discernir la diferencia.

Al tomar un pensamiento cautivo, estamos esencialmente impidiendo que tome el control sobre nuestras vidas y corazones. Este concepto concuerda con la sabiduría compartida en Proverbios 4:23 (NVI), que afirma: "Sobre todo, guarda tu corazón, porque todo lo que haces fluye de él". Los pensamientos que albergamos tienen un profundo impacto en nuestras acciones y en el curso de nuestras vidas. Por lo tanto, resulta crucial salvaguardar nuestro corazón filtrando cuidadosamente los pensamientos que entran en nuestra mente. Practicando esto continuamente seguirás aumentando tu Inteligencia Emocional.

Llevar cautivo todo pensamiento requiere disciplina y discernimiento. Requiere una comprensión profunda de la Palabra de Dios y una sensibilidad a las inspiraciones del Espíritu Santo. A medida que nos involucramos en esta batalla espiritual, debemos estar atentos para identificar los pensamientos que no se alinean con la verdad y el propósito de Dios para nuestras vidas. Al hacerlo, podemos combatir eficazmente las mentiras y los engaños que el enemigo puede tratar de plantar en nuestras mentes.

El plan de batalla para llevar cautivo todo pensamiento implica participar activamente en la oración, meditar en las Escrituras y buscar la guía del Espíritu Santo. Requiere un compromiso para renovar nuestras mentes y alinear nuestros pensamientos con la verdad de Dios. A través de este proceso intencional, podemos liberarnos de las fortalezas del pensamiento negativo, el miedo y la duda. Podemos sustituir los pensamientos destructivos por pensamientos de fe, esperanza y amor.

En conclusión, llevar cautivo todo pensamiento es un aspecto vital de nuestro viaje espiritual. Nos capacita para guardar nuestros corazones y alinear nuestras mentes con la verdad de Dios. Al discernir el origen y los motivos de nuestros pensamientos, podemos combatir eficazmente las artimañas del enemigo y caminar en la libertad y la victoria que Cristo nos ha asegurado. En Hebreos 5:14 (NKJV) el escritor afirma algo profundo. Leamos: "Pero el alimento sólido es para los maduros, que por el uso constante se han entrenado para distinguir el bien y el mal. Esto se refiere principalmente a los pensamientos. Seamos firmes en nuestro compromiso con este plan de batalla, ya que contiene la clave para transformar nuestras vidas y experimentar la vida abundante que Dios ha prometido.

CAPÍTULO 9

CÓDIGOS DE ACCESO Y PROGRAMAS

Alguna vez te has preguntado: "¿Por qué pienso como pienso? ¿Es el pensamiento de mis padres o es mi elección? ¿Estoy programado así para el resto de mi vida?".

La verdad es que estamos conectados de una determinada manera, pero también es cierto que nuestras mentes son maleables. Esto significa que podemos poner una nueva forma de pensar encima de otra y alimentarla con un pensamiento positivo. En nuestro caso, se trata de un pensamiento positivo lleno de vida. Si no alimentas los viejos pensamientos negativos, tarde o temprano se desnutrirán y serán podados. La poda en el mundo de la neurociencia se produce cuando un pensamiento sustituye a otro. Así, puedes recablear viejos traumas emocionales dañinos y sustituirlos por el amor de Dios. En nuestros viajes espirituales, conocemos este proceso como renovación de la mente. ¿Olvidarás las experiencias negativas que te han ocurrido? No, las recordarás, pero podrás replantear tu forma de ver esas experiencias y cambiar las emociones asociadas a ellas. Es una noticia fantástica.

El pensamiento invisible se hace visible por tu voluntad. Diré que de nuevo lo invisible se hace visible convirtiéndolo en algo tangible. Tienes el poder y la opción de crear. Tenemos la capacidad no sólo de crear nuestro futuro, sino también de crear lo que imaginamos. Se convierte en un imán una vez que lo visualizas. El creador creó la creación para crear.

Permíteme compartir contigo cómo puedes cambiar tu perspectiva y recodificar viejos programas. He aquí un ejemplo: la mayoría de la gente tiene acceso a un teléfono. Se necesita un código de acceso para entrar en el teléfono. El código de acceso te permite acceder a los programas principales del teléfono. Pero dentro del teléfono, hay otro nivel de seguridad para obtener información personal segura. iCloud guarda información como números de tarjetas de crédito y otros datos personales. Hay un código para entrar en la unidad central del teléfono y otro para entrar en los ajustes personales y poder acceder a la información y cambiar lo que haya que cambiar.

Somos parecidos. Podemos ver a alguien del pasado, y el reconocimiento facial actuará como un código de acceso que hará aparecer un archivo que almacena información como emociones, recuerdos y otras impresiones que relacionas con esta persona. Incluso si esta persona tiene similitudes con traumas de tu pasado esto también activará programas. ¡Y ahí está! En un abrir y cerrar de ojos, puedes cambiar cómo te sientes porque alguien no sólo ha entrado en tu teléfono, sino también en la programación segura.

Al fin y al cabo, nuestras vidas son una colección de acontecimientos, traumas y situaciones, y las personas están ligadas a estas colecciones. Puede que alguien diga algo que le recuerde a algo que dijo tu padre y, de repente, la clave de acceso ha entrado en la computadora central y ha sacado un programa de algo que ocurrió hace años. Y no sólo recuerdas ese suceso, sino que además sientes lo mismo que si hubiera ocurrido ayer mismo. ¿No es escalofriante cómo podemos ver, oír y oler algo, y puede desencadenar un suceso que ocurrió hace más de 15 años? Sentir lo mismo que cuando se produjo esa situación concreta. Ahora profundizaremos en la comprensión de más acerca de los códigos de acceso y programas.

En informática, codificar es asignar un código a algo para clasificarlo e identificarlo. Cuando clasificas algo, lo apartas en una biblioteca. Y así, cuando usas un código de acceso, te saltas el código y entras en el programa. Ese código de acceso saca cualquier información que clasifiques. El código de acceso te permite entrar en el programa. El programa es el evento o el archivo que está clasificando. Puede ser un trauma importante o un acontecimiento emocional en tu vida. Estos acontecimientos se convierten en el programa. El código de acceso podría ser el reconocimiento facial. Podrían ser sus huellas dactilares o la activación por voz. Supongamos que el código de acceso es el reconocimiento facial. Cuando ves a la persona, tu mente se alerta de que está ahí, y el programa provoca la liberación de sustancias químicas en tu cuerpo. Entonces sientes ira, frustración o miedo. También puede ocurrir para programas positivos en nuestros corazones. Sientas lo que sientas, acabas de sacar un programa del corazón. La gran noticia es que podemos cambiar las cosas. Pero, de nuevo, si no eres consciente de esto, el cambio puede no producirse muy bien.

Codificar es utilizar un lenguaje de programación para conseguir que una computadora asimile un programa deseado. Cada línea de código le dice a una computadora que haga algo. Del mismo modo, todo lo que miras es una señal. Las señales van a tu mente y luego a tu subconsciente, buscando experiencias pasadas o similitudes que ya están dentro de tu corazón. Así descubrimos si tenemos cosas y situaciones que no deberían estar en nuestro corazón.

Deberíamos hacernos preguntas como las siguientes:

o   ¿Por qué experimento emociones negativas cuando veo a una persona determinada?
o   ¿Qué he codificado?
o   ¿Qué he guardado en mi corazón?
o   ¿Qué he programado en mi corazón que todavía me afecta cuando veo a esa persona?

La magia comienza en el primer paso de la concienciación. El siguiente paso es el difícil. Oigo esto a menudo: "No puedo perdonar a alguien. No sé cómo hacerlo". Te enseñaré cómo hacerlo más adelante en el libro. Quiero que recuerdes que la experiencia nunca cambiará, pero podemos extraer la emoción negativa. No podemos borrarlo todo, pero podemos desprender la carga emocional que se le asigna. Así, cuando veas a alguien que te hizo daño, no tiene por qué traerte de regreso el dolor del pasado. Puedes aprender a reaccionar con compasión.

Cuando reprogramas lo viejo que te pasó en la vida y que te hizo daño, tu reacción puede basarse en una nueva programación. Cuando esa emoción aparece en tu mente consciente, tienes unos quince minutos para lidiar con ella, según la Dra. Caroline Leaf. Sin embargo, vuelve a tu subconsciente con una emoción más endurecida si no te ocupas de ella. Aún más testarudo para lidiar con esta emoción la próxima vez. Lo creas o no, es lo que haces. Debemos mejorar en la reprogramación de las cosas que vienen a nuestra mente consciente en el mismo instante en que notamos una perturbación.

Una computadora sólo funciona tan bien como su codificación y programación. Hace años, cuando comprabas una computadora nueva y lo encendías, mirabas un monitor negro. Había que formatear el disco duro e instalar un sistema operativo para ver algo o incluso trabajar con la computadora. Ahora sabemos que el monitor no es la computadora. Es sólo una pantalla que muestra lo que hay dentro de la computadora. Lo que ves en la pantalla es el interior de tu disco duro. Es la codificación y la programación lo que hace que todo el paquete funcione. - Por tanto, si, por ejemplo, tienes un virus en el disco duro, esto no cambiará por encender y apagar el monitor. Tienes que cambiar lo que hay dentro de la computadora.

Como nosotros, la modificación del comportamiento no va a conseguirlo. La modificación del comportamiento es sólo un cambio exterior que es temporal y no dura. Debe haber una corrección del disco duro. Cuando alguien te presiona, hay un área dentro de tu corazón con la que tienes que lidiar. Tal vez tengas cierta inseguridad o estés luchando contra una baja autoestima. Estas son las cosas que debes cuestionarte. Tienes que examinar tu programa. "¿Por qué siento esto? ¿De dónde viene? Debemos desarraigar las cosas que no rinden en nuestras vidas. Tenemos que ir a las raíces y arrancarlo. Si lo reduces a la mitad, no habrá un cambio duradero; sólo será una modificación temporal del comportamiento. En otras palabras, retener los sentimientos sin abordar el problema de fondo provoca el sufrimiento con el que no tenemos que vivir. Esto es lo que queremos cambiar.

El código de nuestros programas internos es espiritual. El código es lo que permite que la información que está en nuestro subconsciente llegue a nuestro consciente. El programa es todo lo que está en el subconsciente o en la historia. Sólo a través de nuestra conciencia espiritual de estos programas podemos abordar y alterar los códigos de los que surgen.

El apóstol Pablo dijo en 1 Corintios 2:14 (VOZ): "Pero una persona que niega las realidades espirituales no aceptará las cosas que vienen a través del Espíritu de Dios; todas suenan necias. No puede captarlos porque son diseminados, discernidos y valorados por el Espíritu". Incluso Jesús dice en Mateo 13:14 (NLT): "Cuando oigáis lo que digo, no lo entenderéis. Cuando veas lo que hago, no lo comprenderás". La gente no comprenderá ni entenderá la obra que Dios está haciendo si la percibe desde su conciencia cotidiana. Debemos proceder con discernimiento desde el ámbito espiritual. El Espíritu de Dios en nuestros corazones es nuestro tutor, maestro y revelador.

Piensa en ir al cine en 3-D. Si nadie te diera lentes 3D, no podrías percibir la película correctamente porque necesitas lentes 3D para verla. Los lentes 3D te permiten ver las cosas con mayor profundidad. El término "3D" significa "tridimensional". Ves una película en 3-D en una dimensión que no puedes ver a simple vista. Y el Espíritu Santo actúa como nuestros lentes 3-D. Debes asegurarte de tener los lentes puestos para poder ver y discernir todo con sentido y conciencia espiritual. Hay que percibirlo con los ojos de Dios. Tienes que verlo a través del Espíritu de Dios. La verdadera libertad ocurre en el interior. Cuando no podamos ver con claridad y discernir lo que sentimos, pide en oración: "Espíritu Santo, revélame tu verdad".

La Escritura nos recuerda la profunda verdad que nuestros corazones pueden ser engañosos por encima de todo. Jeremías 17:9 dice: "Engañoso es el corazón más que todas las cosas, y perverso; ¿quién lo conocerá? " Este versículo nos recuerda que hay misterios en nuestro corazón que escapan a nuestra comprensión. A menudo, podemos creer que hemos superado ciertas experiencias o emociones, sólo para descubrir que aún persisten en lo más profundo de nuestro corazón. Es crucial reconocer que cuando las emociones negativas resurgen en nuestra mente consciente, no tienen por qué estar directamente relacionadas con el momento presente o con la persona implicada. Por el contrario, pueden tener su origen en heridas o dolores del pasado que aún no se han abordado plenamente.

En esos casos, podemos reaccionar con intensidad ante una situación o una persona, sin darnos cuenta que nuestra respuesta está alimentada por emociones no resueltas del pasado. Es importante reconocer y aceptar estas emociones negativas que surgen de nuestras experiencias pasadas. Al hacerlo, podemos iniciar el proceso de curación y crecimiento. Tratar estas emociones desde su raíz es esencial. Requiere un esfuerzo consciente por nuestra parte para afrontar y procesar las emociones que han quedado desatendidas. Al hacerlo, podemos evitar que influyan en nuestras relaciones y circunstancias actuales. En las siguientes secciones, proporcionaré orientación sobre cómo tratar eficazmente estas emociones y abordarlas en su núcleo. Es crucial ser conscientes de nuestras emociones y hacer un esfuerzo continuo para procesarlas, asegurando nuestro bienestar emocional y crecimiento personal.

Los pensamientos que más valoras acabarán descargándose como un programa en tu corazón, ya sean buenos o malos. Por eso debes ser un ingeniero interior y centrarte en tus pensamientos. Mira a un árbitro; su trabajo es vigilar ¿qué? Vamos, amantes del béisbol. Su trabajo es mantener la vista en el balón. Está atento para ver si es falta o strike. Debemos "arbitrar" nuestros pensamientos para asegurarnos que sabemos de dónde vienen, ya sean negativos o positivos.

Las emociones reprimidas son como información antigua en una computadora sobrecargada. No tenemos espacio para nueva información a menos que la borremos o la movamos a la papelera. Jesús nos enseñó que no podemos poner vino nuevo en odres viejos (véase Marcos 2:22 NLT). Esto nos recuerda que debemos recodificar nuestros programas para que puedan mostrar Su gracia en las pantallas de nuestras vidas. Demasiada información innecesaria ralentiza todo el sistema. ¿De qué sirve comprar una computadora nueva y reluciente si lo atascamos con archivos antiguos (del pasado) y lo ralentizamos con recuerdos innecesarios cargados de emociones negativas?

Los archivos que se mueven a la papelera de reciclaje (en PCs Windows), o a la papelera (en Macs) permanecen en esas carpetas hasta que se vacían. Sin embargo, aún pueden recuperarse con el software adecuado una vez borrados o vaciados. Queremos llegar a un punto en el que lo único que queramos recuperar de nuestro pasado sean las lecciones que beneficien a nuestro presente. Lo estás aprendiendo para poder ponerlo en práctica. Al borrar archivos, no olvidarás la situación, pero borrarás la carga emocional ligada a esa persona y la verás con compasión.

Memorizar, no sólo oír, forma parte del aprendizaje. Memorizando es como descargamos nuevos programas en nuestros corazones. Si no memorizas algo, nunca podrás recordarlo porque no se almacenó correctamente en tu memoria a largo plazo. Sólo recordarás algo que hayas considerado necesario, a lo que hayas dedicado tiempo o que tenga una carga emocional asociada. Es el proceso de tomar algo y convertirlo en un recuerdo a largo plazo. No se queda en nuestra memoria a corto plazo (mente); tiene que pasar a nuestra memoria a largo plazo (subconsciente), un proceso de tres pasos. El proceso en tres pasos dura sesenta y tres días, según la Dra. Caroline Leaf. Aceptamos nueva información en nuestros corazones para reemplazar lo viejo por lo nuevo.

1. Destruyes tu viejo pensamiento meditando sobre la nueva información durante veintiún días.
2. A continuación, durante los veintiún días siguientes, desbarata tu antigua forma de pensar y establece una nueva,
3. Por último, se descarga permanentemente en los veintiún días siguientes.

Son sesenta y tres días para crear un hábito, y ya has instalado una nueva forma de pensar.

PROGRAMADORES

Los padres tienen una responsabilidad increíble a la hora de sentar las bases de la vida de sus hijos. Al igual que los programadores, tienen el poder de determinar lo que se imprime en sus jóvenes mentes durante esos cruciales primeros siete años. Es durante este tiempo cuando los programas que les inculcan se arraigan en su subconsciente, influyendo en sus creencias, su autoestima y su potencial.

Imagina el impacto de una programación positiva. Si los padres alimentan a sus hijos con amor, estímulo y confianza en sus capacidades, los preparan para la grandeza. Al infundirles confianza y recordarles su valía, los padres animan a sus hijos a perseguir sus sueños y conseguir cosas extraordinarias.

Por desgracia, también puede ocurrir lo contrario. Una programación negativa, como menospreciar o degradar constantemente a un niño, puede crear un programa corrupto. Palabras como "no vales nada", "nunca serás nada bueno" o "eres feo" se graban profundamente en su subconsciente, allanando el camino para el autosabotaje y las creencias limitantes. Muchos de nosotros lo hemos experimentado pero, afortunadamente, puede acabar con nosotros y podemos influir positivamente en la próxima generación.

¡Pero no temas! Nunca es demasiado tarde para reescribir estos programas y guiar a nuestros hijos hacia un futuro mejor. Debemos recordar la sabiduría compartida en las Escrituras sobre cómo guiar a un niño por el buen camino. Alimentando su potencial, enseñándoles bondad y compasión, e inculcándoles valores positivos y la palabra de Dios, podemos ayudarles a superar cualquier programación negativa y asegurarnos que no se desvíen del camino del éxito y la realización.

Abracemos el poder que tenemos como padres, no sólo como programadores, sino como arquitectos de la vida de nuestros hijos. Asegurémonos que nuestros programas se actualizan para reflejar a Jesús. Construyamos unos cimientos sólidos, ladrillo a ladrillo, con amor, bondad y aliento. Juntos, podemos ayudar a nuestros hijos a convertirse en la mejor versión de sí mismos, liberando su potencial ilimitado y allanando el camino hacia un futuro lleno de grandeza.

REPROGRAMACIÓN

Busqué la palabra "recordar". Consiste en recordar a alguien o algo que se ha visto, conocido o experimentado. Por tanto, recordar es traer a la mente algo que ya forma parte de ti. Si eres miembro de algo, formas parte de ello.

Medita en Su Palabra día y noche; eso es lo que dice la Biblia, para que forme parte de lo que eres. "Y conoceréis la verdad, y la verdad os librará" (Juan 8:32 LBLA). La Biblia dice: "Conoce la verdad". En griego, la palabra para conocer es "ginosko" (convertirse en uno). Así que tenemos que tomar la Palabra de Dios y permitir que esté en nuestros corazones como un miembro de lo que somos; por eso digo cuando medito en algo: "Esa palabra es mía". Soy yo; soy quien soy. No es sólo una parte de mí, sino que hay un proceso para llegar a ser uno con la palabra. Tenemos que programar sus palabras en nuestros corazones.

Juan 3:16 (NLT) puede verse como un código, pero lo que significa para ti es el programa. Meditar en la primera parte de Juan 3:16 no es sólo "porque así amó Dios al mundo". Podemos programarlo para que sea: "Tanto me amó Dios que me dio a su hijo". Dios me ama; soy posesión especial de Dios. Yo soy suyo". Esta es la ampliación de Juan 3:16. Es el programa. No te limites a memorizar un versículo; establece el significado y aplica la Palabra que te está hablando directamente. Eleva tus emociones como si Dios mismo te hablara. Cuando empiezas a pensar y meditar en las Escrituras, permites que Dios se abra sobre lo que significan para ti. Incluso una descarga desde una computadora lleva su tiempo. Si estás descargando una aplicación, debes esperar a que se descargue para poder abrirla. Cuando meditas en la escritura, Juan 3:16, la estás masticando, por así decirlo. ¿Alguna vez ha comido algo tan bueno que no ha dejado de masticarlo como si no quisiera tragárselo porque sólo quería saborearlo para siempre? Eso es lo que se hace con la Palabra. Salvador Juan 3:16. Permitir la ampliación del programa.

Esta meditación permitirá que la Palabra de Dios esté en nuestros corazones. Nos convertimos en programadores internos. Si no podemos tener la Palabra de Dios en nuestros corazones, no producirá en nuestras vidas. Para ello, hay que ser disciplinado y dedicarle tiempo. Si quieres meditar por la mañana, quizá puedas levantarte media hora antes de lo habitual. Tal vez te apetezca meditar por la noche antes de irte a dormir. Estos momentos son los mejores para aprender y programar, porque por la mañana y por la noche eres más susceptible de recibir lo que escuchas. Muchas personas se van a dormir escuchando música meditativa junto con las escrituras. ¿Por qué? Le permite penetrar en el corazón. Si no podemos introducir la Palabra de Dios en nuestros corazones, entonces no nos da la capacidad de cambiar o modificar nuestra percepción del mundo. Proverbios 4:20 (NVI) dice: "Hijo mío, presta atención a lo que te digo; presta oído a mis palabras. No los pierdas de vista. Guárdalas en tu corazón, porque son la vida". Fíjate que no dice "en tu mente"; tiene que penetrar más profundamente y estar arraigado en tu corazón.

En el libro de los Números, la Biblia dice que Dios dijo a los israelitas que iban a entrar en la Tierra Prometida. Dios dijo esto, no un hombre o un profeta, sino Dios mismo. Pero cuando entraron en la Tierra Prometida, ¿qué ocurrió? Eran doce; diez de ellos vieron gigantes, y dos vieron saltamontes. Las dos personas que vieron saltamontes, Josué y Caleb, vieron que el Dios que les había prometido era más importante que los obstáculos que tenían ante ellos.

¿Estaban ante el mismo escenario? Por supuesto, estaban viendo la misma escena. Pero uno lo miraba a través de la lente natural, y los otros dos miraban lo que Dios puede hacer a través de la lente espiritual de su palabra. Lo que miraban es pequeño comparado con el gran Dios al que sirven. Dios debe formar parte de lo que eres en tu corazón. Si la Palabra estuviera en sus corazones, habrían visto saltamontes en lugar de gigantes. Jacob y Caleb creyeron en la Palabra de Dios. La palabra fue memorizada en su corazón; no fue a partir de su sentido o razonamiento natural, sino más bien a través de las lentes de Dios.

Debemos aprender a bloquear los pensamientos negativos. Podemos ajustar mejor las cosas negativas de nuestro corazón y empezar a cambiarlas cuando somos conscientes. Aprenderás a lidiar mejor con estos pensamientos negativos trabajando sobre ellos cada vez que surja algo. No podemos permitir que nuestros pensamientos dirijan nuestras vidas.

En el ámbito del crecimiento personal y el autodesarrollo, un aspecto importante que a menudo se pasa por alto es la gestión de nuestras emociones. Se trata de un hábito continuo. Al igual que la historia del caballo de la que hablé anteriormente, nuestras emociones tienen el potencial de marcar el curso de nuestras vidas si no las controlamos. Por lo tanto, es importante que reconozcamos las riendas del control que poseemos y dirijamos nuestros pensamientos en la dirección de la positividad y el crecimiento. Considera el impacto de nuestros pensamientos negativos no abordados en las generaciones venideras. Nuestros hijos, y sus hijos después de ellos, merecen una herencia que trascienda la riqueza material. Se merecen un paisaje emocional desprovisto de los gigantes que no supimos conquistar. Al hacernos cargo de nuestro propio bienestar emocional, podemos asegurarnos que nuestros descendientes hereden un legado de fuerza interior y resiliencia.

Está en nuestra mano romper el ciclo y evitar que los pensamientos y las emociones negativos no procesadas que nos atormentan se conviertan en la carga de las generaciones futuras. No permitamos que la herencia de nuestros hijos se vea empañada por las cuestiones sin resolver que nos olvidamos de afrontar. En lugar de eso, embarquémonos en un viaje de autodescubrimiento y dominio emocional, para que podamos allanar el camino hacia un futuro más brillante y satisfactorio.

La versión ASV de Efesios 4:27 dice: "Ni da lugar al diablo". Es casi como si alguien llama a tu puerta y le dejas sentarse en tu casa; le estás dando un sitio. La persona llamó a la puerta, tú le abriste y se sentó en tu casa. Le dejaste un espacio, aunque no era bienvenido. Piensa en esto. ¿A qué extraños permitiríamos un lugar en nuestras vidas? Si la respuesta es nadie, entonces ¿por qué permitimos que los pensamientos negativos del diablo tengan residencia permanente en nuestras vidas? Todos los días el enemigo está llamando a la puerta, y todos los días una emoción negativa está tratando de apoderarse de tu alma; está tratando de apoderarse de cómo te sientes. Cuando permitimos que el enemigo acceda a nuestra mente su principal objetivo es convertirse en un programa negativo.

Un programa antivirus en una computadora está diseñado para eliminar todos los virus. Si abres un correo electrónico con un virus, ¡está en tu computadora! Por tanto, piensa en un correo electrónico como un pensamiento. Una vez que lo abres porque no sabes de dónde te lo han enviado, lo abres a un reino que permite al virus destruir tu computadora. ¿Qué hay que destruir? Tu computadora, que metafóricamente es tu corazón. No dejes que entre el virus. Si te expones, le estás dando un punto de apoyo. El coronavirus puede propagarse si se está cerca de personas infectadas. ¿Por qué? Porque nunca se sabe dónde está. Hay algo en el aire. Puede que te digas: "Bueno, no sé cómo me contagié". Estuviste expuesto a ella. Dejaste entrar el virus. Le diste un punto de apoyo, y ahora está en tu sistema. Una vez allí, destruye desde el interior. Ahora estás intentando arreglar algo dentro de tu corazón después de haberle permitido la entrada.

Deuteronomio 30:19 (NVI) dice: "Hoy llamo a los cielos y a la tierra por testigos contra ti de que he puesto delante de ti la vida y la muerte, las bendiciones y las maldiciones. Ahora elige la vida, para que viváis tú y tus hijos". La vida está llena de opciones. Cuando elegimos trabajar en viejos programas y establecer otros nuevos, al ser intencionales, no sólo redirigimos nuestras vidas sino también las de quienes nos rodean. Las decisiones que tomamos se transmiten, porque lo que establecemos puede influir en los códigos y la programación que transmitimos a la siguiente generación.

CAPÍTULO 10

EL ARTE DE HARPU

En hebreo, la palabra "Harpu" significa estar quieto. Me encanta cómo Google lo define como "Estate quieto" o "Calla" o "¡Cállate!". Tendría que imaginar que la traducción de "¡Cállate!" es una de esas situaciones que vemos en las películas en las que alguien abofetea a su mejor amigo para que se calme y se vuelva a centrar. Este capítulo es para entender que la atención plena y la meditación se originaron en las escrituras y Dios la llamó quietud. Dios nos habla en el libro de los Salmos, afirmando algo profundo que revolucionó mi pensamiento.

> Estad quietos y sabed que yo soy Dios.
> Seré exaltado entre las naciones,
> ¡Seré exaltado en la tierra! (Salmos 46:10 ESV)

Strong's Lexicon define "still" como "estar quieto, relajarse, hundirse, dejarse caer, desanimarse o retirarse". La atención plena consiste en estar en el ahora. Implica desconectarse de todas las cosas. No estás albergando el ayer ni premeditando ansiosamente el futuro. Cuando practicamos la atención plena, llevamos toda nuestra conciencia al presente. No soy mi título; desconecto de todas las cosas para estar presente en el ahora con Dios.

En esta sección, me gustaría desmentir algunas ideas falsas sobre la atención plena y la meditación. En los últimos años, me he dado cuenta y he comprendido que esto es clave para descubrir tu reino interior. Pero antes de llegar ahí, permíteme compartir algo de sabiduría sobre la anatomía de la mente y hacia dónde crecerás con el arte del Harpu. La teoría es que las personas son zurdas o diestras, es decir, que un lado del cerebro es dominante. Si eres principalmente analítico y metódico en tu pensamiento, como la mayoría de nosotros, se dice que eres zurdo. Se le considera de cerebro derecho si tiende a ser más creativo o artístico. La mayoría de los neurocientíficos afirman que alrededor del 90 por ciento de las personas son de cerebro izquierdo y sólo el 10 por ciento de cerebro derecho. ¿Ves el problema? Pablo, uno de los discípulos de Jesús, llamaba a los cinco sentidos la mente carnal, que significaba la mente de la carne o el razonamiento, y ahora la ciencia lo corrobora llamándolo pensamiento lógico. "Porque los que viven según la carne ponen la mira en las cosas de la carne, pero los que viven según el Espíritu, ponen la mira en las cosas del Espíritu. Porque la mente carnal es muerte, pero la mente espiritual es vida y paz" (Romanos 8:5-6).

¿Sabía que el hemisferio derecho del cerebro es el primero en desarrollarse? Lo hace hasta que los niños tienen entre tres y cuatro años. Es la etapa inocente, durante la cual los niños se lo creen todo. Por otra parte, el cerebro izquierdo no toma conciencia hasta que los niños tienen aproximadamente siete años; de ahí que los primeros siete años se reconozcan como un periodo crítico en el desarrollo infantil. Puede que incluso hayas escuchado el término "cerebro de oro", referido a las personas que utilizan ambos lados del cerebro por igual. A medida que nuestro yo interior crece, ¡vámonos convirtiéndolo en dorado!

¿Cómo serían las cosas si tuviéramos un 50% de mentalidad de izquierdas y un 50% de mentalidad de derechas, es decir, si la parte imaginativa y creativa de nuestra mente trabajara en tándem con la parte lógica y analítica? Aquí es donde el arte del Harpu nos ayuda a transformarnos. Esto llevaría a la humanidad a otro nivel. Veríamos a la iglesia moviéndose en una nueva dimensión que Jesús llama ¡el cielo en la tierra! Estamos llamados a caminar por fe y no por vista (2 Corintios 5:7), y luego se nos muestra en Hebreos 11:1-3 que es por la fe que llegamos a entender las cosas espirituales. Esta fe es una función de nuestro cerebro derecho, lo que demuestra que debemos aprender las funciones del espíritu para operar en la realidad cielo-tierra.

La atención plena y la meditación se tratan a veces como cosas de otro mundo en las que no deberíamos participar, a menos que queramos ser vistos como hippies extraños. Pero lo contrario es cierto. Mindfulness en su simplicidad es conciencia. En el caso de la Torre de Babel (Génesis 11), observamos la auto gratificación y el auto dios, el Sr. Ego. Si vemos la historia de la Torre de Babel, ellos usaron su imaginación para crear una torre para alcanzar el cielo, pero Dios los detuvo porque el propósito era para su beneficio. Todo lo que construyamos al margen del plan de Dios es en vano. Pero cuando usamos el plan de Dios para ayudar y desarrollar a otros, operamos en el reino del propósito. La meditación es buena cuando se utiliza de la manera adecuada.

Mindfulness puede describirse como estar presente con Dios. Este "ahora" sirve de puente hacia la meditación. La meditación consiste en concentrar la atención en una cosa, ya sea la Escritura, Dios mismo, el amor o la alegría. Es una postura que se apoya en el entorno y los pensamientos presentes y descansa en el momento. Pero la única manera de llegar ahí es a través del puente llamado mindfulness, ser consciente del momento presente "ahora", Es la mejor forma que tengo de explicarlo.

La atención plena, a menudo mal entendida, ocupa un lugar importante en nuestras vidas. Es crucial disipar los conceptos erróneos que rodean a esta práctica y reconocer su verdadero potencial. Contrariamente a la creencia popular, la atención plena no se limita a la soledad de nuestros hogares, sino que se extiende a todos los aspectos de nuestra existencia cotidiana. No se trata únicamente de reducir la velocidad, sino que la atención plena nos permite mejorar nuestros procesos cognitivos y maximizar nuestra eficacia en diversas tareas. Al adoptar la atención plena, nos abrimos a un mundo de posibilidades y emprendemos un viaje hacia logros sin parangón.

Una idea equivocada sobre el mindfulness es que es un asunto privado, limitado a la reflexión y la contemplación personales. Aunque la práctica individual es fundamental, la atención plena también nos anima a aplicar sus principios en nuestras interacciones con los demás y en la consecución de nuestros objetivos. Ya sea en el trabajo, en las relaciones o en el crecimiento personal, la atención plena nos dota de las herramientas necesarias para afrontar los retos, tomar decisiones informadas y cultivar un estado de mayor conciencia.

Otra idea errónea muy extendida es que el mindfulness o atención plena consiste únicamente en reducir la velocidad, adoptar un ritmo pausado y desconectar de las exigencias de la vida moderna. Si bien es cierto que el mindfulness nos anima a abrazar momentos de quietud e introspección, también se centra en optimizar nuestros procesos mentales para que funcionen con un mayor nivel de eficiencia. Al cultivar la atención plena, mejoramos nuestra capacidad para concentrarnos, permanecer presentes y tomar decisiones conscientes, lo que nos permite realizar tareas con mayor eficacia y precisión.

Cabe señalar que el mindfulness no es un concepto nuevo; sus raíces se remontan a antiguas filosofías y tradiciones espirituales. Jesús practicaba la atención plena y la meditación, a menudo se retiraba a solas para estar en quietud con el Padre.

Es importante reconocer la verdadera esencia de la atención plena y disipar los conceptos erróneos que la rodean. Al adoptar la atención plena como una práctica integral que se extiende más allá de los límites de nuestros hogares, abrimos la llave del crecimiento personal, de una mayor productividad y de una existencia más satisfactoria. Emprendamos este viaje de autodescubrimiento y aprovechemos el poder de la atención plena para impulsarnos hacia cotas de éxito y plenitud sin precedentes.

Harpu trata sobre la atención plena y la quietud. Tenemos un músculo de la atención que nos permite estar atentos a lo que hacemos cuando está concentrado. Somos nosotros con todo nuestro corazón y nuestra mente. Es ralentizar la mente para que pueda conectar con el corazón. Esta es la esencia de Harpu; es unidad, en el momento, y en quietud. Una cosa que me desafió durante mucho tiempo es cuando el escritor de Hebreos 4:11 (RV) dice "Esforcémonos, pues, por entrar en aquel reposo, para que ninguno caiga en el mismo ejemplo de incredulidad". Fíjense en que dice trabajar para entrar. Cuando pensamos en el trabajo, pensamos en el trabajo, que es lo contrario del descanso. He aprendido que para entrar en el descanso tengo que prestar atención y concentrarme en mi presente ahora. Esto requiere esfuerzo. Es desconectar conscientemente de mi mundo exterior para conectar con mi mundo interior. Por lo tanto, se necesita trabajo de nuestra parte para entrar en descanso.

Antes mencioné que nuestra mente procesa unos cincuenta bits de información por segundo. Nuestro subconsciente procesa la información a mil veces esa velocidad. Esto es lo que ocurre cuando la mente y el corazón funcionan de manera cohesionada: se acelera. Richard Davidson, neurocientífico de la Universidad de Wisconsin, nombra la "concentración" como una de las muchas habilidades esenciales para la vida, cada una basada en un sistema neuronal distinto, que nos guía a través de las turbulencias de nuestra vida interior, nuestras relaciones y cualquier desafío que nos plantee la vida.

Las investigaciones demuestran que nuestra mente divaga aproximadamente el 50 por ciento del tiempo y que, cuando lo hace, nunca somos tan felices como cuando estamos en el presente. Si tu mente está en el futuro, preocupada por algo que va a ocurrir, o en el pasado porque te arrepientes de algo, es más probable que sientas más emociones negativas. Pero te sentirás más feliz cuando estés en el presente, en el ahora, aunque estés haciendo una tarea que no te guste especialmente. Serás más productivo en ese estado porque estarás naturalmente enfocado y fluyendo con una fuente superior-Dios. Centrarnos en una cosa cada vez nos ayudará a hacerla bien en menos tiempo. Por eso lo llamamos arte: con la práctica se puede dominar la quietud.

La atención plena nos permite cambiar nuestra relación con la experiencia presente. En lugar de dejarnos arrastrar por las emociones o los pensamientos negativos (que es lo que ocurre cuando estamos deprimidos o ansiosos), los vemos como simples pensamientos, y eso les quita poder. Las investigaciones realizadas en UCLA demuestran que cuando se puede nombrar un sentimiento, por ejemplo: "Me siento deprimido otra vez", se desplazan neurológicamente los niveles de actividad de la parte del cerebro que está deprimida a la parte del cerebro que está feliz. Esto puede disminuir la depresión y aumentar tu capacidad para entenderla o verla como un simple sentimiento. Si lees 2 Corintios 10:4-5, te darás cuenta que lo que hoy se llama "guerra espiritual" está en la mente. Pablo escribe: "Las armas de la guerra que libramos no son de este mundo, sino que están impulsadas por Dios y son eficaces para derribar las fortalezas erigidas contra Su verdad. Estamos demoliendo argumentos e ideas, toda filosofía altisonante que se oponga al conocimiento del único Dios verdadero. "Estamos tomando prisioneros de todo pensamiento, de toda emoción, y sometiéndolos a la obediencia del Ungido" 2 Corintios 10:4-5 (VOZ). Cuando nos comprometemos activamente, no a no pensar, sino a prestar atención a nuestra mente, de repente nos abrimos a la posibilidad de vencer por fin a nuestro mayor enemigo: ¡nuestros pensamientos!

Mindfulness es conciencia. Es darse cuenta y prestar atención a los pensamientos, los sentimientos, los comportamientos y todo lo demás. La atención plena puede practicarse en cualquier momento, estemos donde estemos, estemos con quien estemos y hagamos lo que hagamos, mostrándonos y comprometiéndonos plenamente con el aquí y el ahora. Eso significa liberarse del pasado y del futuro (los "y si..." y los "tal vez...") y de los juicios sobre el bien y el mal (los escenarios "soy el mejor" y "no soy bueno") para poder estar presentes sin distracciones. ¡Esto es clave! La atención plena es la conciencia que surge cuando prestamos atención al momento presente sin juzgarlo.

La atención plena cultiva el acceso a aspectos fundamentales de nuestra mente y nuestro cuerpo de los que depende nuestra cordura. Incluye ternura y bondad hacia nosotros y restaura las dimensiones de nuestro ser. Nunca han faltado, pero no los hemos vivido porque hemos estado absortos en otra cosa. Cuando tu mente se aclara y se abre, tu corazón también se aclara y se abre. Esto se llama coherencia mente-corazón. Es cuando los dos se convierten en uno, en armonía, cuando comienza la magia. En el cerebro se activan "sustancias químicas de la felicidad" que pueden reducir la tensión arterial, mejorar la digestión y relajar la tensión en torno a las zonas doloridas. Cuando no hay armonía entre la mente y el corazón se llama incoherencia, fuera de orden.

La atención plena es sencilla de practicar, pero sus efectos son extraordinarios. Es como si hubiera encontrado una nueva vida cuando empecé a practicar la atención plena y la meditación. No es un mal negocio, teniendo en cuenta que lo único que hace falta es prestar atención, algo que todos deberíamos hacer pero que a menudo olvidamos. Cuando prestamos atención, el cambio se hace posible.

La meditación nos cambia, ya que nos devuelve a nuestra mente correcta. La atención plena y la meditación se reflejan mutuamente; la atención plena apoya y enriquece la meditación, mientras que la meditación nutre y amplía la atención plena. Mientras que la atención plena puede aplicarse a cualquier situación a lo largo del día, la meditación suele practicarse durante un tiempo determinado.

La atención plena y la meditación son dos prácticas que han ganado mucha atención en los últimos años, ya que las personas buscan formas de encontrar la paz interior y reducir el estrés en sus vidas. Aunque estos términos suelen utilizarse indistintamente, existen sutiles diferencias entre ellos.

La atención plena puede definirse como el conocimiento consciente del presente, sin juicio ni apego. Implica estar plenamente presente en el aquí y ahora, prestando atención a tus pensamientos, sentimientos y sensaciones sin dejarte atrapar por ellos. Al cultivar la atención plena, las personas pueden desarrollar una mayor sensación de claridad y concentración, así como una mayor capacidad para gestionar sus emociones.

Por otro lado, la meditación se refiere a una técnica o práctica específica que permite a las personas entrar en un estado de relajación profunda y mayor conciencia. Consiste en concentrar la mente en un objeto concreto, como la respiración, para acallar el incesante parloteo de pensamientos y alcanzar un estado de calma interior. Mediante la práctica regular de la meditación, las personas pueden experimentar una sensación de profunda quietud y conexión con un aspecto más profundo de sí mismas.

Aunque la atención plena sirve de puente hacia el estado meditativo, es a través de la práctica de la meditación como se entra verdaderamente en el reino de la nada. En la meditación, uno trasciende los límites del yo y se hace uno con el momento presente, libre de la identificación con pensamientos, emociones o distracciones externas. Este estado de desinterés y conciencia pura suele describirse como un estado de dicha, en el que el ruido del mundo se desvanece y uno se sumerge por completo en el momento presente para escuchar a Dios.

Es importante señalar que la meditación no consiste en alejar los pensamientos a la fuerza ni en intentar vaciar la mente. Se trata más bien de cultivar la atención centrada y permitir que los pensamientos vayan y vengan sin apego ni juicio. Al observar los pensamientos sin dejarse atrapar por ellos, se puede experimentar una sensación de amplitud y tranquilidad.

Muchos de nuestros pensamientos están muy cargados de emociones negativas. Si no las tocas, si no haces nada con ellas y si no te quedas atrapado en ellas, se auto liberan, de manera natural, en la conciencia. Esta conciencia es como tocar una pompa de jabón. Es divertido tocarlo y ver cómo estalla. Pero aunque no lo toques, puedes verlo flotar hacia el cielo y ver cómo se esfuma por sí solo. Siéntate y empieza a observar tus pensamientos. Verás que no es ciencia de cohetes. No hace falta estar sentado en una cueva durante treinta años para tener este tipo de experiencia. Lo único que hay que hacer, en cierto sentido, es apartarse de tu camino. No digo que sea fácil. Puede ser un reto. Pero puedes tener momentos en los que te salgas de tu camino. Recuerda esto, estás condicionando tu cuerpo a algo nuevo, seamos pacientes.

Las prácticas de meditación pueden ayudarte a observar tu mente y a tomar conciencia y reconocer sus tendencias. Tiende a divagar, pero la mente puede ayudarte a través de esa conciencia. Vuelve a centrar tu atención en el presente. La meditación es un ejercicio en el que te comprometes plenamente con el presente. Es una forma fantástica de entrenar la mente para estar más presente en la actualidad. Hay una novela de Aldous Huxley titulada La isla, escrita en sus últimos años, cuando se interesó mucho por las enseñanzas espirituales. Narra la historia de un hombre que naufraga en una isla remota, aislado del resto del mundo. Esta isla alberga una civilización única. Lo insólito es que sus habitantes, a diferencia del resto del mundo, están cuerdos. El hombre se fija en los coloridos loros posados en los árboles, que parecen graznar constantemente las palabras "Atención". Aquí y ahora. Atención. Aquí y ahora. Atención". Más tarde nos enteramos de que los isleños les enseñaron estas palabras para recordarles continuamente que debían permanecer presentes.

Deseo que veas la meditación como un ejercicio y una práctica. Cuando pensamos en estas dos palabras, nos alejan de la auto condena y el perfeccionismo. Nadie es perfecto en el arte de la meditación. Incluso los monjes que meditan durante todo el día consideran la meditación como una práctica. Mejoramos con la práctica. Se considera un ejercicio porque nos fortalecemos mentalmente al practicarlo a diario. Así que, por favor, no te castigues. Si un día meditas durante cinco minutos, otros podrás hacerlo durante veinticinco. El objetivo es practicar a diario.

Muchas veces intenté entrar en oración con transparencia y vulnerabilidad, sólo para caer en el caos de pensamientos repetidos. Mi día se repite a través de los pensamientos de cosas insignificantes que no puedo controlar, sólo para llevarme a un lugar de frustración.

Jesús nos enseñó que no podíamos añadir ni una sola hora a nuestras vidas mediante la preocupación (Mateo 6:27 NVI) y, en este mismo capítulo, afirmó: "No os preocupéis por el día de mañana" (Mateo 6:34 NVI), porque comprende perfectamente las luchas actuales de la generación actual. ¿Has estado alguna vez allí? ¿Alguna vez has querido hablar con Dios pero, de alguna forma, el caos y el parloteo del mundo no paraban?

Dios dice: "Estad quietos y conoced que yo soy Dios" (Salmo 46:10 NVI). Esto significa que nos aquietamos, nos centramos en Dios y en su bondad y nos permitimos ir más despacio. Ralentizar el ritmo y respirar despacio permitirá que el cuerpo llegue a un lugar que permita a la mente estar quieta. Cuando nos concentramos y centramos nuestra atención en una cosa, el cerebro empieza a hacer su magia. Nuestra energía descansa en esa única cosa y, cuando meditamos, apaga el parloteo de nuestras preocupaciones diarias. Es sólo tú y Dios. Mindfulness se convierte en un puente que nos lleva a la reflexión. Este puente conduce a un mundo de concentración, alegría y paz.

En un día cualquiera, hay momentos en los que no ocurre nada, pero enlazamos lo que ocurre de pensamiento en pensamiento sin ningún espacio. Pasamos por alto la amplitud con la que está sucediendo todo y acabamos con un día lleno de preocupaciones, toxicidad y estrés. Este espacio puede ser para la paz y la alegría o para la ansiedad y el estrés. Sin embargo, en la mayoría de los casos, nos dejamos llevar por la negatividad que nos rodea. Tenemos la opción. ¿Qué elegirás? ¿Prefieres la paz y la alegría obtenidas a través de la atención plena y la meditación o la ansiedad y el estrés de rumiar pensamientos interminables?

Hoy en día, mindfulness y meditación suelen significar lo mismo, lo que puede resultar confuso. Esta es mi versión sencilla: la meditación puede adoptar diversas formas. Algunas tienen como objetivo desarrollar una mente clara y concentrada, lo que se conoce como meditaciones "Mente clara". Otros buscan desarrollar estados altruistas, como la bondad amorosa, la compasión y el perdón, conocidos como meditaciones de "corazón abierto". Otros utilizan el cuerpo para crear conciencia, y la repetición de las escrituras, como sabes, es lo que queda grabado en nuestros corazones. Rezo para que el secreto de la alegría no falte hasta que seas mayor. Haz del arte de la quietud una práctica, y tus años mayores serán en cambio un tiempo para dar testimonio de todas las alegrías de la presencia.

Presta mucha atención a la siguiente afirmación. Si practicas mindfulness durante diez minutos al día (o si te parece un reto, puedes hacerlo durante diez minutos tres veces al día), le ocurre algo extraordinario a tu atención. La multitarea será cosa del pasado. La gente, por lo general, mira su correo electrónico unas cincuenta veces al día. Miran sus páginas de Facebook veinte veces al día, y eso es sólo la punta del iceberg. También hay Instagram y llamadas telefónicas; lo que tengan, deben hacerlo. Lo que esto significa para la atención es que la concentración es una especie en peligro de extinción. La atención se dirige entonces a la oportunidad o amenaza más significativa que percibimos en nuestro entorno.

Donde va nuestra atención, van nuestras emociones. Digamos que hay algo como una sombra oscura moviéndose. Tu atención se dirigirá a esa sombra automáticamente. La razón por la que tenemos atención es para prestar atención, y entonces podemos reunir todos nuestros recursos para aprovechar la oportunidad o evitar la amenaza. Ese es el propósito de la atención. Bloqueamos todo y nos centramos en una cosa en un momento determinado. Este elemento es el de mayor valor o, potencialmente, el de mayor amenaza. En nuestras vidas ocurren muchas cosas a las que prestamos atención y, francamente, los pequeños dispositivos que llevamos encima no ayudan mucho porque absorben nuestra atención.

La meditación de atención plena es una manera de meditación de mente clara. Durante la meditación de atención plena, se presta atención al ritmo natural de la respiración mientras se está sentado o se camina lentamente sobre un puente. Esta atención focalizada permite que las neuronas se calmen y pasen del caos a la calma. Es como si un director de orquesta parara todos los instrumentos a la vez. Esto por sí solo puede tener un impacto enorme. En última instancia, este método es simplemente una ayuda, no la experiencia en sí. Un martillo puede ayudar a construir una casa, pero no es la casa.

Del mismo modo, practicar la meditación no es un fin en sí misma. Podemos divagar pensando en otras cosas, pero la quietud siempre estará ahí porque hemos practicado la meditación. Es un compañero para toda la vida, como un viejo amigo al que recurrimos cuando necesitamos dirección, inspiración y claridad. No hay una forma correcta o incorrecta de practicar; todos lo hacemos de manera diferente. Pero lo más importante de todo es que la meditación es para disfrutarla; es para estar en presencia de Dios.

Hemos aprendido mucho sobre los efectos de la meditación a largo plazo en personas como los monjes, que meditan durante cincuenta mil horas a lo largo de su vida. Los estudios demuestran que esto cambia por completo las respuestas electrofisiológicas de sus cerebros. Tienen niveles más altos de ondas gamma, que es una frecuencia particular de ondas. Esto puede reforzar el sistema inmunitario, reducir la presión arterial y ayudar a tratar diversos problemas, como el síndrome del intestino irritable y la psoriasis.

Un estudio de Harvard demuestra que breves dosis diarias de meditación pueden hacer crecer la materia gris en zonas críticas del cerebro relacionadas con la autoconciencia y la compasión, y reducir la materia gris en la zona asociada al estrés. Todos necesitamos tranquilidad, ¿verdad? La paz mental puede venir de la atención plena. A través de ello, comprendemos cómo la bondad, la compasión, la presencia y la concentración se resumen en el ahora.

El mejor momento para practicar la meditación consciente es por la mañana, cuando despertamos del sueño y nuestras ondas cerebrales pasan lentamente del estado delta, profundo y relajante, al estado beta, más alerta y activo. Es como cambiar de marcha en un vehículo manual, tomando impulso gradualmente a medida que avanzamos por los distintos cambios.

Al igual que cuando arrancamos en primera (Delta), empezamos el día en un estado de calma y tranquilidad. Tenemos la mente despejada, los pensamientos centrados y estamos listos para embarcarnos en un nuevo día. A medida que avanza la mañana y el mundo que nos rodea cobra vida, nuestras ondas cerebrales pasan a la segunda velocidad (Theta), preparándonos para las tareas y retos que nos esperan.

Cada hora que pasa, nuestras ondas cerebrales ascienden a frecuencias cada vez más altas y rápidas, como si cambiáramos de marcha en un coche. Alcanzamos la tercera velocidad (Alfa), en la que nuestra mente se vuelve más activa, despierta y creativa. Este es el lugar que llamo la zona de Dios. Es el mejor lugar para estar atento y quedarse un rato, practicar la gratitud y centrarse en Dios y en su grandeza. Por último, llegamos a la cuarta marcha (Beta), en la que alcanzamos nuestro máximo rendimiento. Nuestras ondas cerebrales están en estado beta, totalmente despiertas y preparadas para conquistar lo que se nos ponga por delante. Estamos concentrados, llenos de energía y funcionando a nuestra capacidad óptima.

Pero del mismo modo que un coche acaba por detenerse, nuestras ondas cerebrales también deben reducirse. A medida que se acerca la noche, pasamos gradualmente de la cuarta marcha (Beta) a la tercera (Alfa). De nuevo, el objetivo es parar un rato aquí y practicar la atención plena y la meditación, luego la segunda (Theta) y, finalmente, a medida que avanza la noche, volvemos a la primera marcha (Delta). Nuestra mente empieza a ralentizarse, preparándose para una noche de sueño tranquilo y rejuvenecedor.

Este hermoso ritmo de ondas cerebrales cambiantes refleja el flujo y reflujo de la vida misma. Nos recuerda que cada día es una nueva oportunidad para evolucionar, crecer y alcanzar todo nuestro potencial. Nos recuerda que hay momentos para acelerar y momentos para desacelerar y que encontrar el equilibrio y la armonía es esencial para nuestro bienestar.

Así que, a medida que avanza el día, recuerda la sinfonía de ondas cerebrales que hay en tu interior. Acepta la transición gradual de delta a beta y saborea las experiencias únicas que aporta cada marcha. Y por la noche, mientras se relaja y baja marchas, olvídate de las preocupaciones del día y encuentra consuelo en la paz del estado del delta.

Tienes el poder de aprovechar la energía de tus ondas cerebrales, explotar tu verdadero potencial y crear una vida que esté en perfecta armonía con el ritmo de Dios. Abraza el viaje, amigo mío, y deja que tus ondas cerebrales te guíen hacia la grandeza.

La vida no es perfecta y puede que nunca lo sea. Pero ¿cuánto empeño ponemos en intentar ser perfectos? Los humanos intentan descubrir las formas más eficaces de serlo. La paciencia es una hermosa cualidad. Así que, en esos días llenos de estrés, personas y situaciones desafiantes, tómate un tiempo y practica el método de respiración 4-7-8 del Dr. Andrew Weil, MD, para entrar en homeostasis para convertirse en una mente, cuerpo y alma para cambiar a marchas celestiales inferiores.

Sigue los pasos que se indican a continuación para ver cómo puedes practicar la respiración 4-7-8. Puedes hacerlo en cualquier momento y lugar, siempre que estés presente. Cuando empieces, empieza practicando dos veces al día. Repite el ciclo de inhalar durante cuatro segundos, contener la respiración durante siete segundos y exhalar durante ocho segundos. Haz esto durante cuatro ciclos seguidos. A medida que tus pulmones se desarrollen, puedes aumentar a ocho ciclos. Es entonces cuando se te considera un experto. Los principiantes pueden practicar durante cuatro ciclos, y los practicantes intermedios durante seis. Choca esos cinco por tus logros

1. Busca un lugar cómodo para sentarte con la espalda recta.
2. Coloca la lengua contra la parte posterior de los dientes superiores y mantenla ahí.
3. Exhala completamente por la boca, alrededor de la lengua, haciendo un silbido. Frunce los labios si te ayuda.
4. Cierra los labios e inspira por la nariz contando hasta cuatro.
5. Aguanta la respiración durante siete segundos.

6. Exhala completamente por la boca, haciendo un sonido silbante durante ocho segundos.
7. Así se completa un ciclo. Repite la operación durante tres ciclos más.

Esta técnica ha cambiado mi vida. Es como las ruedas de entrenamiento, una vez que tu cuerpo se acondiciona se vuelve autónomo. Durante muchos años, tuve problemas para orar por culpa de mi mente parlanchina. Una vez que dominé esta práctica, puedes utilizarla siempre que necesitaba estar en armonía conmigo mismo. Será más gratificante a medida que lo utilices. Practica la respiración antes de responder a cualquier situación estresante y siempre que no puedas conciliar el sueño.

La respiración consciente puede liberar oxitocina para calmar tu mente y permitirte entrar en un estado de paz. Tu organismo dispone de una respuesta natural al estrés diseñada para ayudarte a afrontar situaciones peligrosas. Esta respuesta de lucha o huida puede ayudarte a sobrevivir, pero puede afectar a tu salud cuando se utiliza en exceso para los factores estresantes cotidianos.

Esta respuesta al estrés suprime el sistema inmunitario y puede causar otros problemas de salud, como hipertensión, depresión y ansiedad. La respuesta de relajación interrumpe esta respuesta de estrés con una profunda sensación de descanso.

El sistema nervioso simpático controla la respuesta del organismo al estrés. El sistema nervioso parasimpático controla la respuesta de reposo del organismo. Cuando activas uno de ellos, suprimes el otro. Por eso la respiración profunda es tan eficaz para provocar la respuesta de relajación. La técnica de respiración 4-7-8 es un método de respiración profunda que puedes utilizar para obtener todos estos beneficios. Sin embargo, el método concreto que utilices no importa. Puedes probar otro ejercicio de respiración si el proceso 4-7-8 no te funciona. Deberías experimentar la respuesta de relajación con cualquier método de respiración que sea lento y profundo.

Ten paciencia. Simplemente sé. Solo haz.

CAPÍTULO 11

PRÁCTICA DIURNA Y NOCTURNA DEL HARPU

Bienvenido, querido lector, al capítulo 11 de un viaje de autodescubrimiento y transformación. Hoy emprendemos un camino que nos llevará a las profundidades de nuestra mente, donde comienza el verdadero cambio. Prepárate para aprender, desaprender y reaprender, porque estos son los peldaños que te llevarán a una vida llena de alegría y propósito.

Imagina tu mente como un vasto océano, constantemente agitado con pensamientos, ideas y creencias. Para navegar por este mar de conciencia, primero debemos aprender a calmar las olas. Encuentra un momento de quietud en tu día, un santuario donde retirarte del ruido y el caos del mundo. En esta quietud, encontrarás la clave para desbloquear tu verdadero potencial.

Mientras te sumerges en el silencio, deja que tus pensamientos se asienten como los sedimentos del fondo de un lago tranquilo. Respira profundamente, inhalando paz y exhalando tensión. En este estado de serenidad, descubrirás el poder de descargar nuevos programas en tu corazón. Estos programas son las semillas del cambio, que esperan brotar y florecer dentro de ti.

Pero recuerda, querido lector, que el conocimiento sin aplicación es como un pájaro sin alas. Absorbe estos principios en el tejido mismo de tu ser. Deja que impregnen tus pensamientos, acciones e intenciones. Acéptalos con fervor, pues es mediante la aplicación de estos principios como se produce la verdadera transformación.

Profundicemos ahora en los tres niveles para lograr el cambio. En primer lugar, debemos aprender. Debemos adquirir nuevos conocimientos, explorar diferentes perspectivas y ampliar nuestra comprensión del mundo. Esta es la base sobre la que se construye el cambio.

A continuación, debemos desaprender. Debemos abandonar creencias obsoletas, patrones de pensamiento negativos y nociones auto limitadoras. Al igual que un escultor desmenuza un bloque de mármol para revelar la obra maestra que contiene, nosotros debemos despojarnos de las capas que ya no nos sirven.

Por último, debemos reaprender. Debemos adoptar nuevas formas de pensar, forjar nuevas vías neuronales y cultivar hábitos que estén en consonancia con nuestro verdadero yo. Este es el proceso de renovar nuestras mentes, como se habla en Romanos 12:2. Requiere tiempo, esfuerzo y dedicación, pero la recompensa es inconmensurable.

Ha llegado el momento de elegir. Ha llegado el momento de tomar nuevas decisiones que marcarán el rumbo de tu vida. Es hora de crear nuevos hábitos que te guíen hacia la vida que deseas. Abraza el poder que hay en ti, porque el viaje que tienes por delante encierra infinitas posibilidades.

Al embarcarnos juntos en este viaje transformador, hagámoslo con un corazón inspirado y una mente abierta. Que los principios que exploramos se conviertan en la luz que nos guíe hacia una vida con propósito, alegría y plenitud.

En Proverbios 4:20-22 MSG, el rey Salomón dice: "Querido amigo, escucha bien mis palabras; afina tus oídos a mi voz. Mantén mi mensaje a la vista en todo momento. ¡Concéntrate! Apréndetelo de memoria. Los que descubren estas palabras viven, viven de verdad; en cuerpo y alma, rebosan salud". Fíjate que no dice "tu mente"; dice "tu corazón", algo que está conectado. Una investigación realizada por el Dr. J. Andrew Armour, que introdujo el término "cerebro cardíaco" en 1991, descubrió que el corazón tiene 40.000 neuronas, igual que el cerebro. Armour demostró que el complejo sistema nervioso del corazón lo calificaba de "pequeño cerebro". El cerebro y el corazón funcionan de forma independiente. La ciencia se está poniendo al día con las verdades de Dios porque Dios lo ha estado diciendo todo el tiempo.

En el ajetreo de nuestra vida cotidiana, es fácil perder de vista lo que de verdad importa. Nos dejamos atrapar por nuestras responsabilidades, nuestras listas de tareas pendientes y las interminables exigencias del mundo que nos rodea. Pero en medio del caos, es importante reservar momentos de quietud y conexión con Dios.

Imagina empezar y terminar cada día con quince o treinta preciosos minutos dedicados únicamente a tu relación con Dios. En esos primeros quince o treinta minutos, estableces el tono del día que tienes por delante. Invitas a Dios a tu corazón, buscando guía, fuerza y sabiduría. Entregas tus preocupaciones y temores, confiando en que el Todopoderoso se ocupará de ellos. Agradece las bendiciones de tu vida, grandes y pequeñas. Y te abres a recibir el amor y la gracia que Dios derrama abundantemente sobre ti.

A medida que se desarrolla el día y navegas por sus vericuetos, te encuentras con diversas situaciones e interacciones. Algunos pueden levantarle el ánimo, mientras que otros pueden desencadenar respuestas emocionales en tu interior. Y ahí es donde entran en juego los últimos quince o treinta minutos de tu día.

En esos preciosos momentos de relajación, reflexionas sobre los acontecimientos que han tenido lugar. Te adentras en las profundidades de tus emociones, permitiendo que afloren a la superficie. Lleva un diario, si esa es tu práctica, capturando la esencia de tus experiencias. Identificas las áreas que necesitan desintoxicarse, los momentos en los que puedes haber causado ofensa o haber sido ofendido por otros. Y con la ayuda del Espíritu Santo, tu fiel consejero, buscas la verdad y la comprensión.

En este proceso de desintoxicación, rebobinas el día, examinando cada interacción, conversación y encuentro. Te preguntas: "¿Dónde he ofendido hoy a alguien? ¿O alguien me ha ofendido? Y si me ofendí, ¿por qué me afectó tan profundamente?". Con honestidad y humildad, exploras las razones que subyacen a tus reacciones y tratas de reajustar tu perspectiva.

Es importante recordar que este nuevo estilo de vida de Harpu Practice requiere tiempo y práctica. No lo dominarás de la noche a la mañana, pero no pasa nada. Lo que importa es tu compromiso de acercarte más a Dios, de convertirte cada día en una versión mejor de ti.

El ritual nocturno de desintoxicación es especialmente poderoso porque permite procesar los acontecimientos del día cuando aún están frescos. Evita que las emociones se enconen y te ayuda a liberar cualquier negatividad que se haya podido acumular. Si abordas estas cuestiones y buscas la guía del Espíritu Santo, allanarás el camino hacia la sanación y la transformación.

Así que, amigo mío, te animo a que adoptes esta hermosa práctica de dedicar a Dios los primeros quince minutos y los últimos quince minutos de tu día. Deja que Su presencia infunda esperanza y fuerza a tus mañanas, y que Su amor limpie y renueve tu espíritu cada noche. Con paciencia y perseverancia, descubrirás que esta conexión intencional con lo Divino transformará no sólo tus días, sino tu vida entera.

6 PRINCIPIOS DIARIOS PARA VOLVER A LA CONFIGURACIÓN ORIGINAL

PRINCIPIOS DEL DÍA

1. Disruptivo: Interrumpe tu día para empezar con una mentalidad de gratitud.
2. Discernir: Pensamos, luego sentimos. Por último, elegimos cómo reaccionar. Tenemos que detectar las cosas antes de que ocurran.
3. Destruir: Desecha todo pensamiento negativo.

La atención plena debe practicarse durante todo el día, y la meditación es un tiempo reservado para sumergirse en el corazón. A lo largo del día, anota tus sentimientos hacia las personas, las situaciones y las circunstancias. Esto puede hacerse mental o físicamente en papel o en una nota en el teléfono.

PRINCIPIOS NOCTURNOS

1. Desconectar: Apaga todo y pasa tiempo a solas.
2. Descubre: Reconsidera tu día y lee tus diarios.
3. Desintoxicación: Sustituye las mentiras por la verdad / m.

1. INTERRUMPE

Interrumpe tu día para empezar con una mentalidad de gratitud.

Cuando nos despertamos, tenemos el nivel más alto de cortisol en nuestro cuerpo; así es como estamos conectados. En el pasado, los humanos vivíamos en estado salvaje cientos de años, por lo que podíamos ser atacados en cualquier momento. Tenemos cortisol por la mañana, así que estamos preparados para entrar en modo lucha o huida si hay un oso cerca. Pero, ¿qué pasa ahora que no hay oso? Dios nos protegió creándonos así, pero ¿quién se convierte ahora en el oso en la vida moderna? El "oso" puede adoptar muchas formas y tamaños en nuestra vida cotidiana. A veces, puede ser tu cónyuge, tus hijos, tus facturas o las cosas que te faltan, y tu cuerpo no sabe distinguir entre tu "oso" actual y uno literal. Así que estás listo para correr o luchar nada más despertarte, aunque no haya ningún oso de verdad esperándote junto a la cama. Por eso llamo al primer paso disrupción, porque no es la materia sobre la mente; es la mente sobre la materia cuando tomamos el control.

En la quietud de la mañana, mientras el sol se levanta suavemente, se nos hace un regalo. Un regalo de nuevos comienzos, nuevas oportunidades y misericordias ilimitadas. Es en esos momentos cuando tenemos el poder de transformar nuestro propio ser, de alterar el tejido mismo de nuestra existencia.

Al despertar de las profundidades del sueño, no nos precipitemos a las distracciones del mundo exterior. En su lugar, dirijamos nuestra mirada hacia el interior, conectando con lo más profundo de nuestra alma. Porque es dentro de nosotros donde encontramos la verdadera esencia de lo que somos, y es dentro de nosotros donde descubrimos la conexión divina que yace latente, esperando a ser despertada.

En este espacio sagrado, pasamos de los reinos del sueño profundo a un estado de conciencia que me gusta llamar la zona de Dios. Es un estado de estar en el ahora, un estado de armonía y alineación con DIOS. Algunos lo llaman el estado de flujo, en el que el tiempo se detiene y estamos plenamente presentes en el ahora.

La neurociencia nos dice que la gratitud tiene el poder de transformar. Libera dopamina, la sustancia química de la alegría y la felicidad, al tiempo que reduce el cortisol, la hormona del estrés que asola nuestras vidas modernas. Esto no es una mera coincidencia, amigos míos. Es la profunda verdad de que nuestros pensamientos pueden dar forma a nuestra realidad.

La epigenética, el estudio de cómo nuestro entorno y nuestras experiencias influyen en nuestros genes, confirma esta verdad. Nos dice que el pensamiento por sí solo tiene el poder de reescribir el código mismo de nuestro ser. Así pues, aprovechemos este poder, alteremos los patrones de nuestras mañanas y cambiemos las sustancias químicas de nuestro cuerpo. Tomemos las riendas, pues no somos meras víctimas de nuestro cableado biológico.

Mientras la luz de la mañana nos baña con su suave resplandor, elijamos la gratitud. Elijamos estar presentes, ser conscientes, estar plenamente vivos en este momento. Abracemos la conexión divina que llevamos dentro y dejemos que nos guíe a lo largo del día.

En estos preciosos momentos de despertar, se nos da la oportunidad de dar forma a nuestra realidad y crear una vida llena de propósito, alegría y amor. Así que abraza la mañana y abraza el poder que yace dentro de ti. Porque es a través de este poder que puedes transformar no sólo tu propia vida, sino el mundo que te rodea.

Hoy, y todos los días, elige despertar a la belleza interior y deja que irradie hacia el exterior. Abraza la mañana, abraza el poder de tus pensamientos y observa cómo tu vida se despliega más allá de tus sueños más salvajes.

LA GRATITUD LO SUPERA TODO

Tu mañana es el momento de interrumpir todos los resultados adversos empezando con pensamientos positivos y gratitud y el momento de interrumpir toda la negatividad. Si has leído hasta aquí, lo más probable es que ya estés en camino hacia la transformación. Dios está haciendo algo en tu vida, y estás listo para dar un paso hacia todo lo que estás destinado a ser.

Comprende que tienes el poder de cambiar la manera en que ves tus circunstancias, tu entorno y el resto del día. Tienes el poder de cambiar la narrativa de la historia que crees que es cierta. Todo esto lo dictas tú, y empieza por la mañana. Lamentaciones 3:22- 23 (RVR) enseña que "el amor firme del Señor nunca cesa; sus misericordias nunca se acaban; son nuevas cada mañana, grande es tu fidelidad." Toma el control; con el tiempo se convertirá en un hábito, ¡y el mundo tendrá que vigilarte!

Ahora puedes conquistar tu mundo. Dedica los primeros minutos a dar gracias a Dios por haberte despertado. Dale las gracias por un nuevo día. Este es el momento de establecer el tono del día y recordarnos a nosotros que somos los creadores de nuestro futuro. Empieza en el diseño de nuestra mente, también conocido como nuestro paisaje. Recuerda que cada mañana, sus misericordias son frescas, y tenemos la oportunidad de hacerlo bien. Míralo desde el principio del día si tienes una visión. ¿Está más cerca de conseguirlo? ¿Qué puede hacer para alcanzarlo? ¿Qué cambios puedes hacer?

LA MAÑANA ES FUNDAMENTAL PARA PREPARAR UN DÍA ATENTO.

Esto es muy importante porque sé que podemos estar en marcha nada más levantarnos al principio del día. Sin embargo, debemos tomar el control y utilizar nuestros primeros quince-treinta minutos para prepararnos. Este es un buen punto de partida, es la mejor forma de afrontar los retos del día. Podemos centrarnos en cómo debería ser nuestro día en lugar de tener una actitud de que será, será. (frase española que significa "lo que tenga que ser, será").

Permitir que nuestro entorno dicte cómo serán nuestros días es no tener el control. Ser intencionados con nuestros días demuestra madurez emocional. Tomar nuestros días por los cuernos y decidir ser valiosos para los demás nos permite tener más control de nuestro día en lugar de que nuestras emociones nos dicten cómo debemos sentirnos. Recita las Escrituras y empieza el día con Dios. Más adelante compartiré con ustedes escrituras que me han ayudado en este viaje. Escribe cómo quieres que empiece tu día. Esta actividad te mantiene ocupado durante el día para que te fijes objetivos intencionadamente. Hay lugares en los que tienes que estar y cosas que tienes que conseguir.

Te contaré un secreto que me ayudó al principio de mis caminatas. Medito sobre el amor de Dios. Esta verdad espiritual me ha llevado muy lejos, y todo lo opuesto a esta verdad no era el lugar donde quería estar.

Si sintiera ansiedad, automáticamente sabría que esto no era de Dios. Me decía: "¡Esto no es la paz!". Entonces ajustaba rápidamente mis pensamientos, pues sabía que lo más probable era que estuviera haciendo realidad un problema futuro cuando, en realidad, no lo era. Tenemos el poder de cambiar la narrativa de cualquier circunstancia de nuestras vidas. Esta sería mi declaración a primera hora de la mañana. Esta declaración filtraría lo ocurrido durante el día. Si me impidiera actuar así, automáticamente discerniría y reaccionaría para ajustar mi actitud. Esto ha sido muy eficaz en mi vida y lo sigue siendo. La guerra mental es real y así es como la combatimos.

2. DISCIERNE TUS PENSAMIENTOS Y TU CORAZÓN

DISCERNIR PENSAMIENTOS

El Caroline Leaf afirmó: "Somos seres que piensan, sienten y eligen". Podemos elegir marcar la diferencia a partir de ahora. Puedo cambiar mi resultado tomando el control de mi vida mental ahora. Este principio es para toda la vida, y una vez que sepas discernir, estarás en camino hacia la libertad. Las lenguas de Oxford definen "discernimiento" de la siguiente forma

1. La capacidad de juzgar bien.
2. Percepción en ausencia de juicio para obtener orientación y comprensión espirituales.

El discernimiento se produce a diario en nuestro lóbulo frontal. Aquí es donde juzgamos cada pensamiento. Nadie me lo ha dicho nunca, así que dejo entrar todos los pensamientos, y seguro que tú también. Esto me recuerda a una película en la que un padre se iba y les decía a sus hijos que no podía venir nadie. Los chicos aceptaron, pero cedieron a las ideas de sus amigos y organizaron una fiesta a la que todo el mundo estaba invitado. Nadie vigilaba la puerta para ver a quién dejaban entrar, y poco sabían que estaban recibiendo a la gente equivocada. Estos invitados luego destrozaban la casa y dejaban todo destruido. Cuando dejamos entrar descuidadamente cada pensamiento, no podemos discernir quién está en la puerta. Entonces empezamos a albergar cada pensamiento que entra; muchos para destruirnos.

La ansiedad, la depresión, la amargura y la baja autoestima pueden ser producto de nuestra manera de pensar. Sin embargo, debemos recordar que pensamos, sentimos y elegimos. Podemos elegir en qué creemos y a qué dedicamos nuestra energía. Nos convertimos en los padres de estos pensamientos al darles nuestra atención. Los alimentamos, y estos mismos pensamientos son los que nos llevan de la homeostasis (calma) al modo de lucha o huida (caos).

La neurociencia afirma que activamos hormonas y sustancias químicas sólo con los pensamientos. Cada vez que nos enfadamos, liberamos mil cuatrocientas toxinas y treinta hormonas, que recorren nuestro cuerpo como sofocos, y seis minutos de ira después, esto apaga nuestro sistema inmunitario durante veintiuna horas. Esto es lo que nos hacemos a nosotros mismos al no discernir nuestros pensamientos. Cuando discernimos activamente nuestros pensamientos, podemos darnos cuenta de si esos pensamientos están a nuestro favor o en nuestra contra. Entonces podemos elegir abortar los pensamientos negativos inmediatamente.

Esto ocurre ante nuestros ojos o, mejor dicho, entre nuestros ojos. Tenemos sesenta mil pensamientos al día, y de los sesenta mil pensamientos, el 91% son recurrentes. Ahora que lo sabes, puedes elegir en qué pasar el día pensando. Como un músculo, cuanto más practiques el control de tu mente, mejor lo harás. Podemos tomar los pensamientos cautivos como prisioneros e interrogarlos para ver de dónde vienen. Debemos preguntar al Espíritu Santo y discernir; si un pensamiento es desfavorable, ¡debemos desecharlo! Ahorraremos espacio en nuestros pensamientos. Los pensamientos nos permiten reestructurar nuestro paisaje interior para crear la vida que deseamos. ¿En qué estás pensando? ¿Produce vida o muerte? No críes pensamientos que luego crecen y ensucian tu casa. A medida que aprendamos a disciplinar nuestra vida de pensamientos, disfrutarás de tu viaje.

"Mira, hoy pongo ante ti la vida y la prosperidad, la muerte y la destrucción" (Deuteronomio 30:15 NVI). El principio de elección resumirá nuestra vida a partir de ahora. No tenemos que ser esclavos de nuestro viejo pensamiento y permitir que entre cualquier pensamiento que llame a nuestra puerta. Aprendemos estos principios a una edad temprana, pero nunca los utilizamos en nuestro proceso de pensamiento. Pero piénsalo, no deberíamos abrir la puerta a ningún pensamiento.

DISCERNIR EL CORAZÓN

Mateo 7:20 dice: "Así los reconoceréis por sus frutos". Los frutos que Jesús describe aquí son los subproductos de nuestras intenciones y, sobre todo, de nuestros corazones. Si de verdad deseamos vivir una vida pacífica, alegre y feliz, debemos convertirnos en inspectores de nuestros corazones. ¿Qué te provoca emociones negativas? ¿Cuándo se producen estas emociones? ¿En torno a quién?

Este principio consiste en discernir lo que nos destruye desde el interior de nuestro corazón. Hace poco leí una historia sobre la muerte de un pez. Se trata de un fenómeno que ocurre en el medio ambiente y que provoca la muerte masiva de peces. Tras investigar detenidamente este caso, las instituciones llegaron a comprender el problema. Había escasez de algas, que producen oxígeno, en el agua. Cuando el entorno no sustenta las algas, los peces mueren. No sabía que los peces pudieran asfixiarse, pero lo que ocurre es que la falta de oxígeno que suelen producir las algas provoca la muerte del pez.

Por lo tanto, está dentro de nosotros. Las algas representan el amor de Dios, y cuando este amor no está presente, le quita el oxígeno a nuestras vidas. No estoy hablando del entorno externo; estoy hablando del entorno interno de nuestros corazones. Si sigues viviendo con las condiciones del pasado, esto no te da aliento de vida. Algo falta para sostener tu vida mortal, y nos encontramos muriendo internamente por falta de oxígeno en nuestras almas.

Antes he mencionado que la metacognición nos permite saber en qué estamos pensando. Y ser capaces de discernir esto nos permitirá saber qué nos está afectando negativamente sacándonos de la paz. ¿Te has dado cuenta alguna vez de que puedes estar en paz, pero luego ves a una persona (todos tenemos a alguien que nos saca de quicio, que nos hace entrar en modo bélico), y entonces estás listo para la guerra? Estás en una situación de lucha o huida, y normalmente elegimos luchar. Queremos trabajar en esto para conseguir una vida sin botones. Nadie debería poder sacarte de tu paz pulsando botones en tu corazón. Cuando lo consigas, encontrarás una paz especial. "Y la paz de Dios, que sobrepasa todo entendimiento, guardará vuestros corazones y vuestros pensamientos en Cristo Jesús" (Filipenses 4:7).

El antiguo profeta Jeremías también advierte sobre nuestro corazón cuando afirma: "Engañoso es el corazón más que todas las cosas, y perverso; ¿quién lo entenderá?". (Jeremías 17:9 RVR). Puede que no lo entendamos del todo, pero podemos discernirlo. A veces, ni siquiera tenemos que ver a las personas, sino que sólo en nuestra mente recordamos lo que hicieron. Recuerda que el cerebro no distingue la diferencia. Los lentes de realidad virtual de tu mente lo perciben como presente, y tu corazón te alerta con el modo bélico de la respuesta de lucha o huida. Esto es lo que queremos desarmar al enemigo. Puedes sentir algo, pero no tiene por qué dictar el resto de tu día. Nadie debería tener este tipo de autoridad sobre nosotros. Nadie debe dictar cómo nos sentimos. ¡Sólo Dios debería tener esta capacidad!

Recuerda que nuestros corazones son como las luces del motor. Cuando parpadea en tu coche, no lo ignoras. Lo mismo ocurre con nosotros y nuestros corazones. A veces, nuestros corazones están en paz y la presión nos destroza. Decimos que todo va bien cuando, en realidad, no es así. Algo va mal en el motor (corazón), pero no queremos mirar en profundidad para encontrar el problema. La luz de revisión del motor parpadea y seguimos conduciendo. La luz intermitente del motor es nuestro estado de ánimo. Es una declaración del corazón que nos advierte de que algo va mal. Al igual que una luz de revisión del motor nos indica que algo debe solucionarse, esto podría ocurrir con nuestra situación. Sin embargo, seguimos ignorando la luz de revisión del motor. Debemos abrir el cofre y hacer el trabajo para ver el cambio.

El antiguo rey Salomón de Israel escribió: "Por encima de todo, vigila tu corazón; guárdalo diligentemente porque las cosas buenas y nobles de la vida provienen de un corazón sincero y puro" (Proverbios 4:23 VOZ)

Escribe estos casos en los que te has alejado de tu paz interior. Recuerda que debes entrar en el motor y sustituir algunas piezas. Quiero que sepas que esto no es una carrera de velocidad; esto es un viaje, y estos principios te permitirán navegar a tu destino correcto-el destino que Dios quiso para ti, no el que el enemigo diseñó para ti. El objetivo del enemigo es robar, matar y destruir. Ese es su objetivo. Las fuerzas contrarias nunca quieren que consigas nada positivo. Afortunadamente, al hacer el trabajo de discernir el corazón, conoceremos la vida y la vida en abundancia en Cristo (Juan 10:10).

3. DESTRUIR

"Derribando argumentos y toda altivez que se levanta contra el conocimiento de Dios, y llevando cautivo todo pensamiento" (2 Corintios 10:5). La capacidad de decidir en qué inviertes tu energía es de suma importancia. Podemos ser tan descuidados con nuestros pensamientos que permitimos cualquier pensamiento y le damos vida prestándole toda nuestra atención. Así es como nacen los pensamientos negativos. La negatividad quita o retira calidad a tu vida. La pregunta es: ¿qué resta a nuestras vidas?

Los pensamientos negativos restan a los frutos del espíritu detallados en Gálatas. Los pensamientos negativos te restan amor, alegría, paz, paciencia, bondad, amabilidad, fidelidad y autocontrol. La buena noticia es que puedes desecharlas, rechazarlas y optar por no darles energía ni vida meditando en ellas. ¿Por qué no? Porque una vez que les permitimos entrar en nuestras vidas, nos quitan, nos retiran y nos roban. El propósito de los pensamientos negativos es robar, matar y destruir lo que Dios tiene para nosotros. Pero tenemos el poder de derribarlos y no dejarlos entrar. Para alcanzar la libertad interior, debes ser capaz de observar objetivamente tus problemas en lugar de perderte en ellos.

Podemos elegir ser los actores principales de nuestras vidas o los coprotagonistas. Nosotros elegimos. "Conseguir que tus pensamientos sean disciplinados y estén bajo control es uno de los primeros pasos para liberarte de las cargas del mundo y empezar a disfrutar de la vida a pesar de las cargas del mundo".

El apóstol Pablo advierte que no debemos dar al diablo "un punto de apoyo en nuestras vidas" (Efesios 4:27 NVI). Le damos a los pensamientos nuestra energía al permitir que los pensamientos negativos se nutran dentro de nuestra mente y los alimentamos con nuestra atención. El propósito de estos pensamientos negativos es llegar a tu corazón, pero primero entran en tu mente. Luego, mientras sigues ensayando tus pensamientos una y otra vez, el que más valoras se ordena por la noche de la memoria a corto plazo a la memoria a largo plazo; lo que yo llamo el corazón, éste es el trabajo del hipocampo. Es el enemigo tratando de trabajar desde adentro porque quiere trabajar desde tu corazón, no desde tu mente. Debemos decidir no permitir que eso siga ocurriendo en nuestras vidas. Debemos tomar el control de nuestros pensamientos jalando de las riendas de nuestras emociones y no permitiendo que cualquier pensamiento permanezca.

Debemos tomar el control de nuestra mente y de aquello en lo que gastamos nuestra energía. En lo que nos centramos es en dar vida y crecimiento. Recuerda que la energía te sigue allá donde te concentres. Un principio espiritual del apóstol Pablo dice: "Por lo demás, hermanos, todo lo que es verdadero, todo lo honesto, todo lo justo, todo lo puro, todo lo amable, todo lo que es de buen nombre; si hay virtud alguna, si algo digno de alabanza, en esto pensad." (Filipenses 4:8).

Si vas a pensar en algo, piensa en cosas buenas. Piensa en la Palabra de Dios que da testimonio. Es vida para quien la recibe. Piensa hacia dónde te lleva Dios. Piensa en lo que es verdad. Piensa en las cosas honestas y justas, puras y hermosas; en todo lo que sea de buen testimonio. Gasta tu energía en estas cosas. Toma el control de su vida mental; una vez que domine esta área, nunca volverás a ser el mismo. ¡Te elevarás a nuevos niveles de alegría!

Otro principio espiritual clave es: "Porque cual es su pensamiento en su corazón, tal es él" (Proverbios 23:7). Si nuestro pensamiento produce una realidad en nuestras vidas y algunos de nuestros pensamientos son negativos, nuestra existencia será negativa. Imagínate si tomas el control de tu vida de pensamiento y está siempre en línea con la Palabra de Dios. Imagina tu destino si cambias tus hábitos de pensamiento, dejas de meditar en las cosas equivocadas que te agotan y empiezas a meditar en los pensamientos correctos que nos construirán y nos animarán a inspirar a los que nos rodean. Esta es una nueva forma de vida una vez que la aceptas y sabes que la dirección de tu vida depende de lo bien que juzgues tus pensamientos.

Nuestra capacidad de discernir nuestros pensamientos y desechar los pensamientos negativos nos permite ser edificados. Nuestra meditación sobre aquellas cosas que nos construyen y no nos derriban creará continuamente una atmósfera de crecimiento. Recuerda que somos seres que piensan, sienten y eligen. Si controlamos la primera parte de nuestro pensamiento, controlaremos nuestros sentimientos y elecciones. Con ello, podemos elegir la vida en lugar de la muerte, la alegría en lugar de la tristeza, la paz en lugar del caos y lo mejor en lugar de lo peor. Esto es lo que ocurre cuando nos apoderamos de nuestras vidas de pensamiento. Lo que dirige nuestro destino hoy cambia el día que tomamos el control, ¡y liberaremos el poder de crear lo que Dios quiso que tuviéramos!

La Dra. Caroline Leaf, en Enciende tu cerebro, dice: "Cuando dirigimos nuestro descanso mediante la introspección, la autorreflexión y la oración; cuando atrapamos nuestros pensamientos; cuando memorizamos y citamos las Escrituras; y cuando desarrollamos intelectualmente nuestra mente, potenciamos la red de modos por defecto (DMN) que mejora la función cerebral y la salud mental, física y espiritual." Cuando pensamos en lo que pensamos, podemos volver a la imagen original de Dios descrita en Génesis 1:26-28 NVI.

Lo que pensamos se convierte en lo que somos y, si esto es así, ¿debemos decidir hoy lo que vamos a pensar de antemano?

DIARIO CONSCIENTE

"Mirad que nadie falte a la gracia de Dios; que no brote raíz de resentimiento que cause tribulación" (Hebreos 12:15 RVA). Una vez más, quiero insistir en que escribas lo que siente tu corazón hacia las personas, las situaciones y las circunstancias. Se trata de una práctica sencilla, pero esencial, porque nos hace responsables de trabajar en los asuntos del corazón. Cualquier cosa que mueva tu actitud hacia el estrés o la ira a lo largo del día, escríbela. Si tu corazón te avisa de que algo va mal, escríbelo. Si alguien desencadena algo, escríbelo. Si sudas ante la mera presencia de alguien, escríbelo. No te alarmes por lo mucho que escribes; ¡simplemente escribe!

Esto es un maratón, no una carrera. Trabajaremos en ello poco a poco. Jura tomar las riendas del futuro y empieza a trabajar para crear el destino que te has propuesto. Estos principios de partida diarios son esenciales. También es bueno que empieces a registrarlo todo en un diario. Lo que hayas anotado en el diario siempre será algo a lo que podrás volver y con lo que podrás medir tus progresos. Lo que hoy te molesta no lo hará durante mucho tiempo porque has decidido hacer algo al respecto.

Este principio de mindfulness pretende ser un ejercicio de autoconciencia y superación personal, todo en uno. Mientras escribes tu diario, descubrirás las pautas que han cambiado y las que deben cambiar. Todo se irá aclarando a medida que pasen los días. No te permitas depender de tu memoria en esta fase de dibujo. Nuestros recuerdos siempre nos harán creer lo que queramos creer, y esto no siempre se basará en hechos reales. Si lo escribes tal y como sucede, estarás mejor preparado para dibujar una imagen de tu yo real.

LAS PRÁCTICAS NOCTURNAS

Podemos seguir las prácticas nocturnas, que incluyen desconectar de nuestro día, entrar en un estado meditativo, descubrir nuestro interior y permitir que el Espíritu Santo renueve nuestras mentes.

Durante los primeros quince o treinta minutos de tu rutina nocturna, debes empezar desconectando y prestando atención. Desconectar significa separar algo de otra cosa o crear una conexión entre dos o más cosas. Es la capacidad de dejarlo todo. Cuando el día esté a punto de terminar, resérvate un rato a solas y recuérdate que te mereces este momento. Has trabajado duro todo el día y ahora es el momento de relajarte. Para que el cuerpo, el alma y el espíritu estén en paz, debemos proporcionarnos este momento de desconexión. Hebreos 4:1 (TPT) afirma: "Ahora Dios nos ha ofrecido la promesa de entrar en su reino de descanso en la fe confiada. Por tanto, debemos ser cautos para garantizar que todos abracemos la plenitud de esa promesa y no dejemos de experimentarla". Debemos esforzarnos por encontrar el camino de regreso a este descanso.

La homeostasis se produce cuando el cuerpo, el alma y el espíritu están alineados, en perfecta armonía y paz. Es cuando somos uno con Dios en Harpu. Podemos llegar a este lugar preparándonos para una ingeniería interior en la que podamos cambiar los programas de nuestro corazón.

4. DESCONECTAR (MINDFULNESS)

Empecemos por desconectar. Dedica los primeros cinco o diez minutos a este paso. El arte de la atención plena consiste en estar presente ahora. La capacidad de desconectar del mundo exterior y alinearse con su mundo interior.

Siempre podemos aumentar el tiempo que reservamos, pero para empezar poco a poco y añadir una nueva rutina, mantengámoslo pequeño. Permítete salir de este mundo de caos y entrar en la paz. En lugar de ver ese drama en la tele antes de dormir, sé consciente y desconecta. Ya tenemos suficiente drama en nuestras vidas; no necesitamos pasar los últimos momentos de nuestro día en el drama de otras personas. Esto es lo que queremos cambiar y tener menos drama, menos caos y menos batallas.

No podemos permitirnos influencias del exterior. ¿Sabías que el subconsciente, el corazón simbólico, no deja de funcionar? Incluso cuando te duermes, se encarga de muchas funciones de tu cuerpo. Imagina que el subconsciente se durmiera. Muchas de las funciones de nuestro cuerpo cesarían. Entonces, ¿qué tendríamos? Un sueño muy largo. Quizá conozcamos al Creador. Es broma. Eso no ocurrirá. El subconsciente nunca duerme, y cualquier cosa que veamos justo antes de irnos a dormir puede influir en una actitud de nuestro corazón.

Cualquier cosa caótica que veas, u oigas antes de dormir produce una influencia en tu subconsciente (corazón). Luego, nos preguntamos por qué nos despertamos con actitudes discutidoras. Nos referimos a despertarse del lado equivocado de la cama como despertarse del mismo lado después que influencias externas hayan actuado sobre nosotros mientras dormíamos. Nos pone en el lado equivocado de la cama, nos hace pasar de la calma al caos. "Enfádate y no peques; que no se ponga el sol sobre tu ira" (Efesios 4:26 RVR).

¡Creemos una atmósfera de paz antes de irnos a dormir que produzca vida en nosotros! Este es nuestro momento para dejar ir las preocupaciones del día, los problemas, las situaciones con los niños y las facturas. Este es nuestro momento para dejarlo todo a un lado y recordar que nos iremos a dormir después de este momento. Creemos una atmósfera de bienestar para que nuestros corazones descansen mientras dormimos y para que la Palabra de Verdad penetre en nuestros corazones y cree un nuevo yo. Para volver a los ajustes originales, debes ser el ingeniero interno, alinear todo correctamente y volver a ajustarlo a sus ajustes originales a través de la verdad de Dios.

Para que esto suceda, debemos estar en paz y permitirnos entrar en nuestro subconsciente para programar (renovar nuestras mentes y corazones) y alinearnos con las verdades espirituales de Dios sobre nosotros mismos. Debemos cambiar algunas de nuestras filosofías, ideologías y creencias que han sido programadas tempranamente en nuestras vidas y que no son verdades. Las hemos adquirido a través de las palabras, el entorno, la cultura y la familia ya en nuestro tercer trimestre en el vientre de nuestra madre, tal como se ha mencionado antes. Estos conceptos no se alinean con las verdades espirituales sobre nosotros o la intención de Dios en nuestras vidas. Se consiguen a través de emociones, miedos y palabras que no conectan con nuestros destinos, sino que son mentiras. Son huecas y engañosas y no producen frutos en nuestras vidas.

Te prometo que el tiempo que pases contigo mismo, tomando las riendas de tu futuro, y el poder y la autoridad que tienes para rediseñar tu corazón y tomar las riendas del futuro merecerán la pena.

Podemos eliminar de nuestros corazones lo que hay que eliminar y sustituirlo por palabras vivificantes. Tómate este momento para ser consciente de la capacidad de pasar de ondas cerebrales beta a ondas cerebrales alfa. Esto nos lleva a la coherencia de mente y corazón. Es una desconexión de la realidad hacia la espiritualidad y nos lleva de un lugar de límites a un lugar sin límites. Es un momento en el que podemos crear e imaginar hacia dónde queremos ir. Es un momento en el que nos olvidamos de todo (tiempo, lugar) para estar en homeostasis con el único Dios verdadero. Aquí, nos hacemos uno con él en la atención plena en Harpu. ¡Esto es arte! Esto te permitirá desconectar de la realidad y entrar en el reino sobrenatural.

Es un espacio en el que podemos escapar del parloteo de este mundo y sentarnos tranquilamente a escuchar a Dios. Aunque sólo he dedicado de cinco a diez minutos a este paso, puedes ampliar este tiempo a medida que mejores en silenciar el parloteo de la vida.

Como es crucial, puedes dedicar treinta, cuarenta y cinco o incluso una hora a este paso. Al relajarte, estás activando genes que cambian el interior de tu cuerpo para dar cabida a un momento de paz y poner todo tu organismo en perfecta armonía. Estarás eliminando los efectos del estrés y las hormonas asociadas con el estrés para que tu cuerpo vuelva a un lugar de paz donde pueda arreglarse y restaurarse para hacer lo que se supone que debe hacer por naturaleza. Tu cuerpo se reorganizará y se curará a sí mismo. Todas estas cosas son sólo un subproducto de llevar tu cuerpo, alma y espíritu a un lugar de homeostasis. Este es el lugar de nuestros ajustes originales donde podemos funcionar correctamente.

Estos primeros minutos son la clave para el siguiente paso porque se hace difícil el autodescubrimiento si no alcanzas ese lugar de paz. Cuando digo "autodescubrimiento", me refiero a la autoconciencia de las imperfecciones programadas en nuestro subconsciente que fueron encontradas y escritas. En el siguiente paso, repasarás lo que escribes en tu diario sobre ti mismo durante el día. ¿Qué ha notado fuera del programa? Es lo que se denomina ventaja de perspectiva múltiple (APM), acuñada por la neurocientífica la Dra. Caroline Leaf. Somos la única especie que puede salir de sus pensamientos e inspeccionarlos, o como he mencionado antes en el libro, la metacognición. Debemos aprender esto para ver y comprender dónde necesitamos ingeniería interior. En este siguiente estado, sólo podemos empezar a arreglar algo cuando sabemos que está roto.

No podemos encontrar respuestas si miramos esta área de nuestras vidas con lentes materialistas-la mente carnal en lugar de la mente espiritual. Pero si observamos la parte física de lo que somos a través de nuestras lentes espirituales en mindfulness, podemos diseñar un plan para ajustar ciertas cosas en nuestras vidas y sustituir algunas mentiras por verdades.

Quiero que seas consciente de estas cosas. Estamos formados por 7 octillones de átomos que, según la ciencia, están compuestos por un 0,00000000000001 por ciento de material particulado y un 99,99999999999 por ciento de energía espiritual. Sin embargo, queremos descubrir más la partícula material que la energía espiritual. Lo más significativo de lo que somos reside en comprender que somos dos tercios espirituales y un tercio material particulado. Somos más espirituales que las partículas; para cambiar la partícula hay que cambiar lo espiritual. Si podemos aferrarnos a esta verdad y conectar con todo lo que somos, seremos imparables. ¿Te imaginas las posibilidades a las que podemos tener acceso? Podemos conectar con Dios y que Él intervenga y empiece a crear y cambiar nuestros corazones. Entonces, podemos navegar y terminar donde originalmente pretendía ir. ¡Nuestro propósito es el destino! Imagina las posibilidades de ir más allá de lo que vemos y aventurarnos más profundamente en lo que somos. Dominar este paso te llevará tiempo y persistencia, pero una vez que lo hagas, estarás bien encaminado hacia un nuevo yo.

5. DESCUBRIR (CONÓCETE A TI MISMO)

Nos encantan las vacaciones porque nos gusta descubrir cosas nuevas. Tenemos tanta curiosidad por descubrir que llegamos a la Luna. Sin embargo, no hemos arañado la superficie de nuestros corazones. No queremos descubrirnos internamente y saber qué nos hace ser quienes somos, así que buscamos continuamente cosas que nos mantengan ocupados. No queremos ocuparnos de nosotros mismos. En cambio, nos centraríamos en lo que hay fuera.

Recuerdo haber visto un programa llamado Hoarders. Se trataba de personas que guardaban tantas cosas en sus casas que les resultaba imposible vivir en ellas. Esto ocurrió porque no querían desprenderse de nada de lo que habían adquirido a lo largo de los años. En el programa, los consejeros iban a sus casas. Los consejeros decían: "Oye, entendemos que es difícil, pero tenemos que limpiar esto porque no puedes seguir aquí". Ni siquiera tienes espacio para vivir aquí. Debes mudarte de tu casa porque prefieres conservar periódicos y muebles viejos antes que tirarlos y hacer espacio para que puedas vivir".

Lo mismo ocurre en el ámbito espiritual. Nos convertimos en acaparadores espirituales cuando no podemos procesar las emociones negativas que se almacenan en nuestro cuerpo. Una buena forma de explicarlo es que el cuerpo lleva la cuenta de las entradas negativas. Esto nos impide estar en un lugar de paz y vivir en el ahora. Es abrumador, y es entonces cuando empezamos a buscar la paz en el disfrute, el placer y las distracciones externas. Un estilo de vida constante con esta mentalidad crea una zona de depresión. Los estudios han demostrado que un desequilibrio hormonal y de la química cerebral contribuye a este estado. No queremos llegar ahí. Sin embargo, para crecer, debemos entrar en casa y empezar a sacar cosas que ocupan espacio.

Al emprender este viaje, recuerda que si no conocemos el núcleo del problema, no podremos resolverlo. ¿Cómo podemos decir que somos libres cuando somos esclavos de nuestras emociones pasadas? Este viaje es para liberar a algunos de los prisioneros que has guardado en lo más profundo de tu corazón, donde nadie puede verlos. En este paso de descubrimiento, creamos nuevas experiencias, adquirimos una nueva mentalidad y creamos nuevas narrativas para cambiar nuestro futuro. Estamos encontrando algunas de las heridas de nuestro pasado para liberarnos. No encerraremos a ningún prisionero en nuestros corazones; si lo hacemos, el verdadero prisionero somos nosotros mismos. Como en la película "El secreto de sus ojos", protagonizada por Nicole Kidman y Julia Roberts, nos desgastaremos cuando nos aferremos a una ofensa. La puerta de la prisión de la falta de perdón sólo puede abrirse desde dentro, porque cuando metemos a alguien en esa celda, entramos con él, y sólo nosotros tenemos la llave. Esta es una gran película para ver los efectos de alguien que se aferra a las emociones negativas que se almacenan en el corazón.

Debemos dejar espacio para lo nuevo, para la nueva versión de nosotros mismos. Piensa en esto: cuando tenemos demasiadas cosas de nuestro pasado, nos quedamos sin espacio para crear el futuro. Recuerdo que llevé mi primer iPhone a la tienda porque funcionaba mal. Funcionaba despacio y todas las aplicaciones parecían fallar. Mi teléfono se cortaba y cada vez era más molesto. Fui a la Apple Store (la tienda del fabricante del aparato) con la idea de que si alguien sabía qué le pasaba a mi aparato, sería quien lo había creado. Le dije al chico de Apple: "¡No funciona bien!". Lo examinaron, hicieron un diagnóstico y concluyeron que tenía demasiada información, demasiadas fotos y vídeos. También tenía treinta aplicaciones abiertas.

Tomo fotos de todo, y esto de hacer fotos me estaba costando retrasos en mi teléfono. Tenía demasiadas fotos y vídeos del pasado. Mi teléfono no podía soportar la presión de todas las aplicaciones, fotos y vídeos abiertos. El chico me dijo que tenía que borrar algunas fotos y vídeos para que mi teléfono funcionara correctamente. También tuve que cerrar todas las aplicaciones. Hacer esto permitiría que el teléfono funcionara correctamente. Mientras decía esto, pensé, ¿no es así como somos en el mundo espiritual? No corremos bien porque tenemos demasiadas fotos y vídeos del pasado. Las aplicaciones abiertas son como asuntos abiertos que nunca se trataron: emociones sin procesar. Tener demasiados problemas reprimidos nos impide funcionar como deberíamos. Ocupa todo nuestro espacio, ¡y no tenemos espacio en nuestros corazones para convertirnos en todo lo que Dios quiso que fuéramos!

Si reflexionamos, es importante que demos un paso atrás y examinemos nuestro funcionamiento interno. Esto nos lleva al principio, que subraya la importancia de la introspección. Al desprendernos de nuestros patrones de pensamiento habituales y aventurarnos en el terreno de la metacognición, adquirimos la capacidad de observar nuestro subconsciente y desentrañar los entresijos que nos mueven.

En este proceso de autoanálisis, tenemos la oportunidad de identificar las creencias y la programación que dan forma a nuestros pensamientos y acciones. Al profundizar en nuestro corazón, podemos discernir qué aspectos necesitan realinearse con las verdades espirituales. Este acto de introspección nos permite tomar conciencia de los orígenes de nuestros pensamientos, permitiéndonos discernir si están arraigados en nuestro auténtico yo o han sido influidos por factores externos.

La metacognición, ese don de la autoconciencia, nos permite superar nuestros patrones de pensamiento habituales. A través de su lente, podemos examinar críticamente nuestros pensamientos y motivaciones, arrojando luz sobre los programas subconscientes que guían nuestro comportamiento. Al hacerlo, descubrimos las capas ocultas de nuestra programación, lo que nos permite reconocer dónde son necesarios los ajustes y la reprogramación para alinearnos con las verdades espirituales.

En medio del caos y la incertidumbre, tómate un momento para reflexionar sobre los momentos del día. Para recordar lo ocurrido, llevar un diario es la mejor manera de volver atrás para repasar lo sucedido. Puede parecer un acto sencillo, pero encierra la clave para liberar tu verdadero potencial. Al hojear las páginas de tu diario, descubrirás un tesoro de emociones, pensamientos y experiencias que conforman el tapiz de tu vida.

Este viaje de autodescubrimiento no es una carrera, amigo mío. Es un maratón que requiere paciencia, perseverancia y un profundo conocimiento de uno mismo. Acepta el proceso, porque es en la quietud de la reflexión donde podemos crecer de verdad.

Con cada trazo de tu bolígrafo durante el día, revelas un trozo de tu alma. Desenterrarás sueños, deseos, miedos y aspiraciones que pueden haber quedado enterrados bajo el peso de la vida cotidiana. Tu diario se convierte en un refugio seguro, un santuario donde puedes derramar tu corazón y explorar las profundidades de tu ser.

En este momento, mientras repasas las palabras que has escrito a lo largo del día, recuerda que el cambio lleva su tiempo. Roma no se construyó en un día, y tu transformación tampoco. Pero confía en el proceso, porque cada pequeño paso adelante te acerca a la persona en la que anhelas convertirte.

Tómate este tiempo para evaluar lo que necesita cambiar en tu vida. ¿Hay hábitos, relaciones o mentalidades que ya no te sirven? Reconoce que tienes el poder de forjar tu propio destino. Al cambiarte a ti mismo, creas un efecto dominó que puede transformar todo tu entorno y tu generación.

Cree en tu capacidad para marcar la diferencia, amigo mío. Tu diario contiene la clave para liberar tu potencial, y es a través de la autorreflexión como encontrarás las respuestas que buscas. Aprovecha este momento de la noche como una oportunidad para trabajar hacia los cambios que deseas.

Al embarcarte en este viaje de autodescubrimiento, recuerda que no estás solo. Tienes el apoyo de tu diario, de tus pensamientos y del Espíritu Santo. Confía en ti y sepa que eres capaz de alcanzar la grandeza. Explora las profundidades de tu alma, descubre verdades ocultas y establece tus intenciones para un futuro mejor. Este es tu momento, tu hora de brillar.

Cuando empecé a hacer esto, empecé a notar muchos defectos de carácter en mi interior de los que no era consciente. Pero una vez que fui más consciente, los defectos perdieron su poder. Empecé a abordar estos defectos de carácter. Empecé a buscar las raíces más profundas que me hicieron ser como soy. Estas cosas estaban en lo profundo de mi corazón. Por eso Jeremías, el profeta del Antiguo Testamento, dijo: "Engañoso es el corazón más que todas las cosas, y perverso; ¿quién lo entenderá?". (Jeremías 17:9 RVR).

Si queremos cambiar, tenemos que vernos a nosotros mismos desde la perspectiva del exterior (metacognición), como he dicho antes. Muchos de nuestros defectos de carácter están profundamente arraigados en la amargura, la ira, el resentimiento y la falta de perdón por cosas que sucedieron en el pasado. Estas son las áreas donde debemos aplicar el perdón de raíz para que dejen de manifestarse en nuestras vidas. Jesús dijo que los reconoceríais por sus frutos (Lucas 6:44). El objetivo principal son las raíces. Los frutos son los síntomas del problema, y reconocer los orígenes de nuestro comportamiento es la gran victoria. Sólo podemos abordar lo que notamos de raíz. Te reto a que salgas de las sombras y te veas tal y como eres. Sólo entonces podrás avanzar verdaderamente hacia la luz de todo lo que estás destinado a ser.

Recuerdo una vez que estaba en una cinta de correr y la vocecita dentro de mi corazón susurró: "El mundo necesita urgentemente vitamina L". Cuando empecé a reflexionar sobre esto, mi mente se fue a un momento anterior en el que fui al médico por un dolor de espalda, fatiga y dolores musculares. Entonces me hicieron análisis de sangre, que revelaron una deficiencia de vitamina D. El médico me dijo que necesitaba más vitamina D y me recetó un suplemento. No trató mis síntomas uno por uno. Fue a la raíz del problema, una deficiencia en un área de mi vida. Lo mismo ocurre con nosotros. Nuestras acciones pecaminosas y decisiones equivocadas son síntomas; no son el problema central.

La humanidad tiene una deficiencia de vitamina A (vitamina del amor). A la gente le falta amor. Cuando somos deficientes en el tipo de amor de Dios en nuestras vidas, vemos que se manifiesta en nuestras vidas en la forma de los siguientes síntomas:

- o   decisiones equivocadas
- o   ira
- o   amargura
- o   depresión
- o   ansiedad
- o   adulterio
- o   asesinato

Todos estos son síntomas del corazón, pero no debemos tratar los problemas individualmente. Debemos atacar la raíz, y la forma de hacerlo es aplicando la solución: amor. Gracia. Perdón, Cuanto más sepamos que Dios nos ama, menos síntomas saldrán de nuestras vidas. Somos amados porque el perdón ha tenido lugar a través de Jesús. Cuando recibimos este amor, podemos armarnos del mismo perdón y aplicarlo en nuestra vida en favor de los demás. Podemos perdonar cuando entendemos que él murió por nosotros para que podamos dar ese mismo perdón a los demás el perdón es para dar no para guardar.

"Nuestro amor por los demás es nuestra respuesta agradecida al amor que Dios nos demostró primero" (1 Juan 3:19 TPT).

La libertad puede lograrse, pero para ello debemos dejar atrás el pasado. Cuando no nos soltamos, vivimos allí y sentimos repetidamente las emociones. Esto nos destruye internamente. Para disfrutar de la presencia de Dios, debemos realzar este presente.

La modificación del comportamiento sólo corta el fruto, pero tarde o temprano, sabemos que los frutos de los defectos de carácter eventualmente salen de nuevo en una temporada diferente. Para entrar en un estado más profundo de cambio, debemos entrar en estas áreas de nuestras vidas con el perdón en ambas manos: una para aplicar el perdón a uno mismo, y la otra para aplicar el perdón a la persona que es la raíz del problema. Hay que enfrentarse a lo que haya podido empezar en nuestra infancia. Por lo general, nuestra infancia es donde tenemos los orígenes de la ira, el resentimiento, la amargura y el odio cuando debería haber sido el amor, la gracia y el perdón. Comienza con nuestra familia más cercana y se extiende por el mundo a una edad temprana. Debemos ir a la raíz (la persona) y aplicar el perdón para cambiar en este ámbito. El perdón no es un sentimiento, es una elección.

Se requiere demasiado esfuerzo para aferrarse a la falta de perdón porque tener falta de perdón drena nuestra energía, fuente de vida, y el espacio donde Dios debería estar. Mantener estas cuentas abiertas es mantenerlas vivas en nuestro subconsciente. Cuando están abiertos en nuestros corazones, roban, matan y destruyen, incluso influyen en nuestras personalidades. Son cosas negativas en nuestras vidas. La palabra "negativo" significa "algo que quita". Mientras mantengamos estas cosas en nuestros corazones, seguirán drenando nuestras vidas y ocupando espacio. Nos convertimos en acaparadores espirituales. Dios, cada mañana, proporciona un nuevo día de vida, y todas estas emociones tóxicas hacia las personas toman la mayor parte de tus recursos vitales para mantenerlas vivas. Estas emociones negativas ocupan nuestra fuente de vida creativa y nos destruyen por dentro.

Aquí te damos un ejemplo: Algunas lámparas tienen brillo variable. En otras palabras, cada vez que los tocamos, se vuelven más brillantes. Sin embargo, lo contrario también es cierto. Una vez que alcanzan el brillo máximo, se atenúan cada vez que los tocas. Esto sucede cuando tenemos falta de perdón, resentimiento y amargura en nuestros corazones. Es como si estuviéramos en el nivel más alto cuando nos despertamos, pero todas estas áreas pasadas tocan nuestras fuentes de vida y nos atenúan, y así es como continuamos nuestro día. Por favor entienda esto: cuando tienes falta de perdón, amargura, enojo y resentimiento hacia alguien en tu vida, lo estás alimentando al mantener la cuenta de la ofensa como una deuda que todavía necesita ser pagada.

Debemos comprender que las misericordias de Dios son nuevas cada mañana. Él nos cubre con su gracia, y necesitamos tomar esta gracia y perdón y tener tanto de él en la mañana que lo dispersamos durante el día, especialmente en las áreas de nuestro pasado. Si quieres crecer y alcanzar todo lo que Dios tiene para ti, aprovecha estos momentos de descubrimiento. Debes permitir que Dios te muestre las áreas en las que necesitas aplicar el perdón para que estas áreas de tu vida ya no te estén drenando con la ayuda del Espíritu Santo (el consejo). Esta es la forma más significativa de liberarse de las ataduras del pasado. Las cadenas que te retienen se rompen cuando liberas a quienes te hirieron y traicionaron cancelando esa deuda. Esto no es algo que tengas que hacer tú solo, es con el Espíritu Santo.

En lo más profundo de tu alma yace un poder incomprensible. Es el poder del amor, un amor que no conoce fronteras, ni límites, ni condiciones. Es el amor que Dios derrama en tu ser cada día. Cuando comprendes la magnitud de este amor, sucede algo increíble. Tomas conciencia del inmenso valor que posees. Te das cuenta que eres apreciado, apreciado por el creador del universo. ¿Cómo no sentirse fortalecido al darse cuenta de ello?

Con esta nueva conciencia, se produce una notable transformación en tu interior. De repente, el dolor que te infligen los demás pierde su aguijón. Ya no guardas rencor ni ira. En vez de eso, elige amar a los que te han hecho daño. Y aquí está la hermosa verdad: tienes la capacidad de amarlos no con tu propio amor humano limitado, sino con el amor ilimitado de Dios. Es un amor que supera la comprensión, un amor que va más allá de lo que se espera.

Amar a tus enemigos puede parecer una tarea imposible, pero es en este acto de amor donde descubres la verdadera liberación. Te liberas de las cadenas de amargura y resentimiento que te mantienen cautivo. Te elevas por encima de la oscuridad y entras en la luz. Ante la adversidad, deja que el amor sea la fuerza que te guíe. Que sea la brújula que dirija tus acciones y tus palabras. Que sea la armadura que proteja tu corazón de volverse frío e insensible. Recuerda que cada día es una nueva oportunidad de recibir el amor de Dios y de llenarnos hasta el borde de Su gracia. Abraza este amor y deja que fluya a través de ti, tocando las vidas de los que te rodean. La misericordia del Señor es inagotable; Sus misericordias no tienen fin; Son nuevas cada mañana; Grande es tu fidelidad. (Lamentaciones 3:22-23)

Esto significa que tenemos acceso a este amor para aplicarlo a aquellas áreas y personas que nos hieren para que no se conviertan en cargas en nuestras vidas. Quizá olvidaron que te hicieron daño, pero no pasa nada. Ya los has tenido cautivos dentro de tu corazón demasiado tiempo.

¿Te has convertido en contable en el ámbito espiritual? Los has estado alimentando, nutriendo, porque hay una deuda que debe ser pagada en tu mente y esa es la narrativa que te cuentas a ti mismo. Te lo deben, y algún día pagarán por lo que te hicieron. ¿Te suena a lo que oyes en tu cabeza? Tienes un sistema de contabilidad apretado en ofensas sin embargo han olvidado que la deuda que Dios pagó por nuestras transgresiones fue cubierta y borrada como si nunca hubiera sucedido. Pero, viejito, ¿te aferras a una amargura? El verdadero prisionero aquí eres tú.

La parte más significativa de este viaje es comprender cuánto nos ama Dios para que podamos aplicar este amor (ágape o amor incondicional) a quienes aparentemente no lo merecen. El amor incondicional es el amor sin condiciones. Para recibirlo, no hacemos nada. No merecemos este amor, y sin embargo Él nos colma de él. El amor incondicional de Dios no se basa en nuestra actuación. La recibimos únicamente por el amor que nos tiene. ¿A quién creemos que ponemos una condición para amar? Una vez que hayamos despertado a esta verdad, seremos libres para vivir como Dios quiere que vivamos.

Otro principio del que habló Jesús es que conocer la verdad te hará libre. La palabra "conocer" aquí se traduce de la palabra griega "Kinosko". "Kinosko" significa "Hacerse uno con la verdad en el corazón". La verdad más significativa que tenemos en el corazón es que Dios nos ama incondicionalmente, sin ataduras. Con esta verdad, podemos seguir adelante y amar a los que no son amables, fortalecidos con el amor ágape. Una vez que esta área de autorreflexión y descubrimiento hace clic, se convierte en la mejor parte de este viaje.

Entrénate para pensar en cosas que te den vida y para darle al play o avanzar más de lo que rebobinas cuando piensas en tu vida. Cierra las aplicaciones. Borra las fotos y vídeos antiguos. Cierra todas las puertas y ventanas abiertas de la falta de perdón. Haz el duro trabajo de descubrir para que te lleve al paso final de desintoxicar tu día.

6. DESINTOXICACIÓN

La desintoxicación es "un proceso o periodo en el que uno se abstiene o libera al organismo de sustancias tóxicas o insalubres." En este principio, tomará algún tiempo eliminar la toxicidad en tu vida de pensamiento y en el reino del corazón. En el principio anterior, el descubrimiento, esperamos haber encontrado algunas áreas en las que necesitábamos trabajar. Pero en este paso, empezamos a aplicar los cambios descubiertos.

Ya sabemos que de los sesenta mil pensamientos que tenemos a diario, el 90 por ciento son pensamientos recurrentes que provienen del corazón y el 70 por ciento son negativos. Este es el paso que queremos utilizar para eliminar la toxicidad de nuestras emociones y opiniones negativas del pasado. Queremos crear nuevos pensamientos, sentimientos y experiencias y establecer nuevas direcciones vitales. Queremos experimentar la promesa de novedad de Dios, descrita en el Antiguo Testamento por el antiguo profeta Isaías: "Deja de pensar en el pasado. Ni siquiera recuerdo estas cosas anteriores. Estoy haciendo algo totalmente nuevo, algo inaudito. Incluso ahora, brota, crece y madura. ¿No lo percibes? Abriré un camino en el desierto y abriré arroyos caudalosos en la soledad. (Isaías 43:18-19 TPT)

Empezamos por eliminar de los viejos patrones de pensamiento el aguijón de dolor que llevan asociado. La forma en que lo hacemos es aplicar el perdón a la persona vinculada a los hechos, y al hacerlo, eliminamos el aguijón del dolor vinculado a ellos. Nunca olvidarás el suceso, pero no le acompañará ninguna emoción negativa. Habrás vencido al enemigo, aunque a veces el enemigo somos nosotros. Me he dado cuenta que a veces hay que repetir este paso varias veces. Pero a medida que continúas trayendo conciencia a esas áreas en tu vida, cambia la narrativa, y aplica el perdón. Seguirás llegando al escenario original, victoria a victoria, acontecimiento a acontecimiento, momento a momento, trauma a trauma. La libertad empieza a alcanzar su punto álgido a medida que sigues ganando todas las batallas.

Desarrollamos la capacidad de ajustar algunos indicadores dentro de nuestros corazones que producen ajustes originales que operan en nuestras vidas externas. Esta parte de tu desintoxicación comienza primero en el reino espiritual pero se manifiesta en el reino físico externo. Debemos empezar a ver las emociones negativas como algo que nos roba la vida a diario. Debemos dejar de permitir que nuestro pasado determine lo que crece en los jardines de nuestra mente.

Debemos recuperar nuestras vidas. El Dr. Kim D'eramo compartió un estudio sobre la mente y los campos energéticos de las personas. Los campos energéticos se agrandan con el amor y se encogen con los pensamientos negativos. La ciencia sigue señalando las verdades sobre Dios y sus principios haciendo de éste el momento más significativo para combinar ambos. La unión de la ciencia y la espiritualidad está ayudando a llevarnos a un lugar donde podemos estar en paz en homeostasis con el único Dios verdadero que nos ama incondicionalmente y quiere lo mejor para nosotros. Si eres padre, sabes que ningún padre quiere lo peor para sus hijos. Los padres quieren lo mejor en todo momento. Imagina a Dios, que nos creó. Él quiere lo mejor para nosotros; tenemos todo lo que necesitamos para lograrlo. Es hora de que dejemos de regalar nuestra naturaleza creativa a heridas pasadas y problemas futuros que quizá nunca sucedan.

Tomamos nuestra autoridad y aplicamos el perdón para eliminar el aguijón del dolor. Cuando elegimos perdonar, esto desplaza y cambia los paisajes de nuestras mentes. Los estudios de Harvard sugieren que el perdón está asociado a niveles más bajos de depresión, ansiedad y hostilidad. Lo contrario debe ser cierto: si sufrimos estos síntomas, todavía podríamos tener falta de perdón en nuestros corazones.

Durante este tiempo pídele al Espíritu Santo que te revele la verdad sobre las personas de tu vida. Este es el estado de desintoxicación, la práctica más crucial para terminar la noche. Haz espacio eligiendo perdonar. Recuerda: el perdón no es un sentimiento, sino una elección; perdonamos porque queremos dejar espacio a Dios. En este momento, piensa en quien viene a tu corazón de tu descubrimiento que necesitas perdonar. Confiesa con tu boca la siguiente oración:

Elijo perdonar a _____ por _____. ¡Esta deuda está cancelada! No me deben nada. Así como Jesús perdonó todos mis pecados de mi pasado, mi presente y mi futuro. Yo también elijo perdonar de la misma forma.

¡Felicidades por dar el primer paso hacia el cambio! Esta es una ocasión trascendental, ya que marca el comienzo de un nuevo capítulo en tu vida. Hace falta valor y determinación para embarcarse en un viaje de superación personal, y deberías estar increíblemente orgulloso de ti mismo por haber asumido este compromiso. Has reconocido la necesidad del cambio y has optado por abrazarlo de todo corazón. Esto demuestra una fuerza y una resistencia increíbles. Recuerde que el cambio no siempre es fácil, pero siempre merece la pena. Es a través del cambio como crecemos, aprendemos y nos convertimos en la mejor versión de nosotros mismos. Al emprender este viaje, ten en cuenta que el camino puede estar lleno de obstáculos y desafíos. Pero no dejes que eso te desanime. Recuerda que cada obstáculo es una oportunidad para crecer y cada reto es una oportunidad para demostrar tu fuerza.

CAPÍTULO 12

PROGRAMANDO TÚ CORAZÓN

Mi más sincero deseo es que recibas novedad en todas las áreas de tu vida. Rezo para que la pasión por nuevas formas de pensar te lleve a nuevas formas de vivir. Al sumergirte en este capítulo, encontrarás algunas prácticas fundamentales para aplicar a tu vida que te serán beneficiosas para vivir la vida que siempre has deseado.

He estudiado la cultura judía porque Jesús es descendiente de este linaje. He aprendido un componente crítico de la tradición judía que ellos establecieron desde jóvenes para su éxito generacional que es meditar en Su Palabra día y noche. Esto les permite plantar la Palabra de Dios en sus corazones como está escrito en el Salmo 1:2-3 (RVA):

> Pero su deleite está en la ley del Señor,
> Y en Su ley medita día y noche.
> Será como un árbol
> Plantado por los [b]ríos de agua,
> Que da su fruto a su tiempo,
> Cuya hoja tampoco se marchitará;
> Y todo lo que haga prosperará.

En mis estudios, he aprendido que en un hogar judío, a los cinco años ya estudian Mikra, a los diez estudian Mishnah y a los trece cumplen las mitzvot que consisten en estudiar y memorizar las escrituras.

A los trece años, antes del Bar Mitzvah ("mayoría de edad"), deben recitar públicamente ciertas escrituras, para conmemorar el paso de los jóvenes a la edad adulta. Otra recitación de las escrituras se hace colocando una mezuzá, un símbolo histórico, en un lugar donde puedan verla todos los días. La mezuzá se coloca en la jamba de la puerta de la casa como recordatorio constante de la morada y la bendición de Dios en nuestras vidas. Una cosa que he notado es que en mi caminar con Cristo, no fui intencional en tener escrituras grabadas en mi corazón para meditar día y noche para recordarme de la bondad de Dios. ¿Cómo sería si diariamente se nos recordara Su amor, nuestra identidad en Su amor, nuestra libertad, autoridad y nuestras promesas eternas? ¿Podría ser éste el camino hacia la victoria para superar los obstáculos diarios de nuestra mente, recitando Su Palabra? ¿No será que tenemos el Arca de la Alianza en el corazón y nos corresponde a nosotros colocar el rollo de su palabra en lo más íntimo de nuestro ser? En este capítulo hablaré de los doce pilares bíblicos de la vida que me han guiado y transformado.

La primera vez que escuché hablar de los misiles Scud fue al leer sobre la guerra de Irak. El objetivo de esta arma es desviar los misiles en el aire, impidiendo que dañen objetivos terrestres. Así que estos doce versos serán como misiles Scud plantados en tu corazón para que cuando el enemigo envíe un misil o dardo ardiente a tu vida de pensamiento, sea desviado para que nunca llegue a tu corazón. Así que preparémonos para cambiar el campo de batalla.

VEINTIÚN DÍAS CREAN UN NUEVO HÁBITO; NOVENTA DÍAS CREAN UNA NUEVA VIDA

Antes de entrar en una nueva vida, debemos crear nuevos hábitos. Esto es de suma importancia que lo comprendamos. Winston Churchill, en 1906 declaró: "Donde hay gran poder, hay gran responsabilidad..."

Para caminar en la plenitud de las promesas de Dios, comenzaremos a crear los hábitos necesarios para sostener esta nueva vida. Leamos el aliento del apóstol Pablo mientras desarrollamos nuevos hábitos. "Y te ha enseñado a dejar el estilo de vida del hombre antiguo, la vieja vida propia, que estaba corrompida por deseos pecaminosos y engañosos que brotan de ilusiones. Ahora es el momento de ser renovado por cada revelación que se te dé. ¡Y ser transformado al abrazar al glorioso Cristo interior como tu nueva vida y vivir en unión con él! Porque Dios os ha recreado en su perfecta justicia, y ahora le pertenecéis en el reino de la verdadera santidad" (Efesios 4:22-24 TPT).

PREPARATIVOS PARA EL CAMBIO

Todo cambio empieza por saber primero que es necesario cambiar. Sin embargo, el cambio no se puede desear. El cambio se convierte en cambio cuando decidimos cambiar. Exploraremos juntos los ingredientes clave que me han ayudado a cambiar. Son mis secretos. Si lo añades a tu oración diaria, pasarás al siguiente nivel.

En este capítulo, exploraremos doce pilares bíblicos que servirán de guardia para nuestros corazones. Siempre oímos que guardéis vuestros corazones por encima de todo, pero aquí lo haremos práctico. Estos pilares son esenciales porque el enemigo a menudo nos ataca en cuatro áreas clave de nuestras vidas: El amor de Dios por nosotros, nuestras identidades, nuestra libertad/autoridad y las promesas eternas que Dios nos ha dado. Podemos ver un ejemplo vívido de esto en la tentación de Jesús en el desierto, tal como se describe en Mateo 4. Justo antes que Jesús fuera bautizado y resucitara, la voz de Dios declaró: "Este es mi hijo, el amado". En el capítulo siguiente, es importante notar que el enemigo hace caso omiso de esta declaración y cuestiona a Jesús, diciendo: "Si tú eres el hijo de Dios..." Aquí podemos notar cómo el enemigo no sólo no reconoce a Jesús como el amado, sino que también trata de socavar su identidad. Además, el tentador reta a Jesús a convertir una piedra en pan, intentando desafiar su autoridad. Por último, el enemigo le pide a Jesús que se incline ante él y tendrá los reinos de este mundo. Jesús responde: "Escrito está: al Señor adoraréis y a él sólo serviréis". Aquí desafía su libertad. Estos pilares bíblicos sirven como una poderosa defensa contra los ataques del enemigo. Estas son las tácticas que usó con Jesús y si las usó contra Jesús las va a usar contra nosotros. Él usó sus grandes armas contra el hijo del hombre, la victoria vino a través de disparar de nuevo con las escrituras para derrotarlo, por lo que es con nosotros. Al comprender y abrazar el amor de Dios por nosotros, nuestra verdadera identidad en Cristo, la libertad y la autoridad que se nos ha dado a través de Su sacrificio, y las promesas eternas que Él ha hecho, podemos mantenernos firmes contra las tentaciones y los engaños del enemigo y sus dardos de fuego en nuestras mentes. La mente es nuestro verdadero campo de batalla; debemos estar armados y preparados. Así pues, profundicemos en estos doce pilares bíblicos, que son fundamentales para aprender a guardar nuestros corazones y vivir en la plenitud del amor de Dios, nuestra verdadera identidad, libertad y promesas eternas.

Amar	Debemos conocer el amor del Padre
Identidad	Debemos saber quiénes somos en el amor del Padre

Libertad	Debemos conocer la libertad y la autoridad que poseemos en nuestra identidad en el amor del Padre
Promesas eternas	Debemos conocer las promesas eternas del Padre que son inquebrantables

Tomemos estos principios de VIDA y empecemos a descargarlos en nuestras vidas. Se recita durante la rutina matutina de interrupción. Debe utilizarse después de tu tiempo de gratitud. También te animo a recitar y memorizar estos versículos por la noche para terminar tu rutina nocturna, ya que esto se establece en las escrituras como una instrucción. No compliques en exceso este proceso. Te recomendamos que empieces con un versículo y añadas otro versículo cuando lo consideres oportuno. Cuando empieces por primera vez, añade un versículo nuevo cada 21 días hasta memorizar los 12 versículos. Estos versos se recitarán durante toda la vida que se siga la práctica del Harpu.

AMAR

Empezamos meditando versículos sobre el amor. La mayor arma del enemigo en tu arsenal es el área del amor. Cumplió su voluntad si pudo dispersar el odio de la infancia a la edad adulta. Lo que aflora como resultado de no ser amado son las características de las ofensas: soledad, amargura, aislamiento, ira y depresión, por nombrar algunas. La Dra. Caroline Leaf afirma continuamente que estamos cableados para el amor. Los comportamientos, aparte de eso, son comportamientos aprendidos que tenemos que desaprender. Podemos desaprender estas cosas permitiendo que la verdad de Dios penetre en nuestros corazones. Conocemos ocho tipos diferentes de amor:

1. Eros - amor romántico
2. Philia - amor afectuoso
3. Philautia - amor propio
4. Storge - amor familiar
5. pragma - amor duradero
6. Ludus - amor lúdico
7. Manía - amor obsesivo
8. Ágape: amor incondicional.

El amor de Dios, ágape, es el único incondicional mencionado. La razón por la que necesitamos tener esto implantado en nuestros corazones es porque necesitamos recordar que Él nos ama abundantemente a pesar de nuestras debilidades, a pesar de ser pecadores y a pesar de ser enemigos. "Porque Cristo, cuando aún éramos débiles, a su tiempo murió por los impíos... Pero Dios muestra su amor por nosotros en que, cuando aún éramos pecadores, Cristo murió por nosotros... Porque si cuando éramos enemigos fuimos reconciliados con Dios por la muerte de su Hijo, mucho más, ahora que estamos reconciliados, seremos salvados por su vida" (Romanos 5:6, 8, 10 RVR).

Debemos empezar a ver el mundo a través de la lente del amor perfecto de Dios. Dios nos ama; desde esta posición, podemos amar a los demás. Jesús enseña en Juan 13:34 (VOZ), "Así que os doy un mandamiento nuevo: Ámense profunda y plenamente. Recuerda cómo te he amado y demuestra tu amor a los demás de esa misma forma". El amor incondicional y sin trabas del Padre nos permite ser conductos de ese amor hacia los demás.

Amamos a Dios tanto como a la persona que menos queremos. No sé de ustedes, pero a mí esto me sacude hasta la médula. Esto confronta mi corazón y desafía mis definiciones del amor. A menudo podemos amar al pecador si su pecado no fue cometido contra nosotros. Puedo amar al mentiroso si no me miente. Puedo amar a la persona que cotillea si no cotillea sobre mí. Puedo amar al ladrón mientras no me robe. A menudo, amamos con condiciones, pero ése no es el amor que Dios ha depositado en nuestros corazones.

Muchos de nosotros hemos sido condicionados a amar con condiciones: "Te quiero si demuestras tu amor haciendo esto o aquello". "Te amo, pero debes continuar con esto o aquello". "Te amo si demuestras esto o aquello". Pero Dios nos amó incluso antes de que le conociéramos, porque su amor no se basaba en lo que podíamos hacer, sino en lo que ya había hecho por nosotros. Si somos capaces de ver nuestros defectos y heridas desde el amor ágape de Dios (la gracia), podremos llegar más lejos que nunca. Si podemos dejar ir nuestras heridas del pasado aplicando este amor a los demás, imagina lo que puede suceder después de noventa días de practicar el principio de VIDA que estás aprendiendo en este capítulo.

Cuando estamos limitados en nuestro amor, esto causa que estemos limitados en la cantidad de gracia que extendemos a las personas porque estamos enfocados en los defectos de los demás y, por lo tanto, los descalificamos con nuestro amor condicionado. Piensa en todas las personas a las que has dicho "te quiero" a lo largo de tu vida. ¿Siguen formando parte de su vida? Si piensas por qué algunos de ellos ya no están, probablemente es porque hicieron algo que te hizo sentir que ya no eran dignos de tu amor. Tu amor era condicional, comprensible, ya que somos humanos.

La vida no siempre es justa. La vida no siempre iguala las cosas, y cuando nos sentimos engañados, nace el ego para proteger nuestro corazón apartando a quienes nos hicieron daño. Sin embargo, cuando lo hacemos, demostramos que necesitamos el amor de Dios. Si podemos amar a los demás como Dios nos ama, es de esperar que podamos impartir ese mismo amor a los demás.

El arte de convertirse en ingenieros interiores implica saber que tenemos que cambiar ciertas cosas en nuestro corazón para ver el mundo según la perspectiva de Dios y no la de la humanidad. La única forma de hacerlo eficazmente es seguir depositando el amor de Dios en nuestros corazones. El amor debe ser la lente con la que veamos el mundo. No podemos retirar 1,000 de un cajero automático si nadie ha depositado nunca esos 1,000. No podemos regalar algo que no poseemos. Dios nos da su amor ágape en abundancia para que podamos dispersarlo en aquellas áreas de nuestra vida que carecen de este amor. Esto ocurrirá cuando meditemos en el amor de Dios: al cabo de veintiún días, habremos creado una nueva forma de pensar y nuevas vías neuronales. Después de noventa días, será en quien te conviertas de corazón, deja que la transformación comience desde dentro. Cuando te hagas uno con esta verdad, amarás a los demás como Dios te ama a ti.

Hice personales los siguientes principios espirituales. A continuación se enumeran las tres escrituras para meditar cada mañana y noche como un hábito de vida. Permítete memorizarlas con el tiempo y escribe estas palabras en tu corazón.

Pilares bíblicos del amor:

> Éste es el verdadero amor: no que yo amara a Dios, sino que Él me amara y enviara a su Hijo como sacrificio para quitar mis pecados. (1 Juan 4:10)

> Cristo demostró el amor apasionado de Dios por mí al morir en mi lugar cuando yo aún estaba perdido y era impío. (Romanos 5:8 TPT)

> Así que ahora vivo con la confianza de que nada en el universo tiene el poder de separarnos del amor de Dios. (Romanos 8:38 TPT)

IDENTIDAD

Somos poderosos sin medida. Es nuestra luz, no nuestra oscuridad, lo que más nos asusta. Nos preguntamos: ¿quién soy yo para ser brillante, magnífico, talentoso, fabuloso? En realidad, ¿quién eres tú para no serlo? Eres hijo de Dios. Jugar en pequeño no sirve al mundo. No hay nada de ilustrado en encogerse para que los demás no se sientan inseguros a tu alrededor. Todos estamos destinados a brillar, como los niños. Hemos nacido para manifestar la gloria de Dios que está en nosotros. No está sólo en algunos de nosotros; está en todos los que creen. Y cuando dejamos que nuestra luz brille, inconscientemente permitimos que los demás hagan lo mismo.

Google define "identidad" como "el hecho de ser quien o lo que una persona o cosa es". Si nuestras identidades son erróneas, todo lo que produzcamos también lo será. Nuestras identidades son las que nos ayudan a definir nuestra valía y nuestro valor. Nuestras identidades nos permiten avanzar o nos impiden avanzar. Debemos recordar nuestras identidades. Mi objetivo es darte las herramientas para recordarte quién eres. Meditar en ello creará una base firme en tu corazón.

La primera declaración de Dios sobre nosotros es esencial porque establece el panorama general de Dios para nuestras vidas. "Dios habló: Hagamos a los seres humanos a nuestra imagen, hagamos que reflejen nuestra naturaleza para que sean responsables de los peces del mar, de las aves del cielo, del ganado y, sí, de la Tierra misma y de todo animal que se mueve sobre la faz de la Tierra" (Génesis 1:26 MSG). Dios afirma aquí que hemos sido creados a su imagen. Recuerdo haber visto una película con mi hija llamada "Ice Age": The Meltdown, que cuenta con uno de mis actores cómicos favoritos, Ray Romano, como Manny, y Queen Latifah como Eli. En esta película, Manny es un mamut supuestamente extinguido hasta que conoce a Ellie, la última hembra mamut. El único problema es que, desde que nació, Ellie se había criado con zarigüeyas y había heredado todas sus características. Incluso se cuelga de un árbol como una zarigüeya y tiene los mismos miedos que una zarigüeya. Cuando ve un águila, se hace la muerta porque se crió con zarigüeyas. Aunque externamente era un mamut que, en aquella época, dominaba la tierra por su tamaño, su mente estaba conformada por una zarigüeya. En una escena, Manny la confronta sobre sus características y su imagen, y no es hasta que se ve en un espejo cuando se da cuenta que no es una zarigüeya, sino un mamut. Entonces acepta su identidad y empieza a moverse en la dimensión de lo que es en lugar de lo que creía que era. La identificación es importante. Debemos pensar por igual en quiénes fuimos creados para ser.

Esta es la primera declaración que se hace sobre la identidad y el propósito de la humanidad. Nuestra identidad es divina. El Salmo 82:6 (AMP) dice: "Vosotros sois dioses; en verdad, todos vosotros sois hijos del Altísimo". Sin embargo, el mundo deformará esta verdad, y a menudo somos víctimas de ello porque todos queremos caer bien. Por desgracia, algunos pensamos que sólo podemos ser agradables si agradamos a los demás, así que nos cambiamos a nosotros mismos para conseguirlo. Esto significa que la autenticidad y el ser fiel a uno mismo se sacrifican por ser la persona que uno cree que los demás quieren que sea. Ser fiel a ti mismo y seguir tus valores te proporcionará felicidad y plenitud duraderas. Limitarse a hacer lo que los demás esperan de ti es un camino hacia el aburrimiento.

Vivimos en una cultura que prioriza el hacer y el conseguir. Este enfoque hacia el exterior deja poco tiempo para la introspección, la perspicacia y el autoconocimiento. La Dra. Caroline Leaf afirma: "Los científicos están demostrando que la relación entre lo que piensas y cómo te entiendes a ti mismo -tus creencias, sueños, esperanzas y pensamientos- tiene un enorme impacto en el funcionamiento de tu cerebro." (Dra. Caroline Leaf, Enciende tu cerebro).

Como has aprendido a lo largo de este libro, el funcionamiento del cerebro es primordial para la formación de nuestras vidas. Por eso debemos asegurarnos que nuestras identidades son las correctas. Encontrar nuestra identidad es fundamental para nuestro camino de fe. Cuando nos falta el amor mencionado anteriormente, nos falta construir nuestras identidades internamente a partir del amor. Por ello, buscamos nuestra identidad en los medios externos de las relaciones, el éxito y la aceptación. A continuación, buscamos la validación en nuestro entorno externo y en nuestra cultura. Lo que la gente dice y piensa se convierte en opiniones por las que vivimos. Debemos evitar buscar externamente lo que sólo puede definirse internamente.

Recitar versos realineará nuestras perspectivas para vernos como reyes y reinas de corazón. No estás perdido. No eres débil. No eres un perdedor. No estás desahuciado. Hay una corona que Jesús ha reservado sólo para ti. Tu identidad es la de la realeza y el poder, el prestigio y el favor. Permite que Dios redefina lo que el mundo ha definido erróneamente porque no conocía su definición original. Eres la imagen de Dios.

En las primeras etapas de nuestra vida, nuestra identidad empieza a tomar forma. Es durante este tiempo cuando sacamos provecho de todas nuestras experiencias, desde el momento en que estábamos en el vientre materno hasta la edad adulta. Es importante reflexionar sobre los estados de nuestro aprendizaje desde el nacimiento hasta los 28 años, ya que desempeñan un papel crucial en la formación de lo que llegamos a ser.

Estas etapas de aprendizaje forman la base de nuestra memoria interna, que se combina con las experiencias externas para determinar nuestro verdadero yo. Sin embargo, es importante señalar que sin Dios en el centro de este viaje, nos volvemos vulnerables a la influencia de la sociedad. Jesús mismo nos advirtió acerca de construir nuestras vidas sobre arena que se hunde, haciendo hincapié en la importancia de escuchar sus enseñanzas y aplicarlas a nuestras vidas.

En la analogía, Jesús compara a los que hacen caso omiso de sus enseñanzas con un hombre insensato que construyó su casa sobre arena inestable. Cuando llovió a cántaros, se inundó y los vientos y las olas azotaron la casa, ésta se derrumbó y fue arrastrada. Del mismo modo, si no anclamos nuestras vidas en la verdad de Dios nos volvemos susceptibles a las fuerzas del mundo, y nuestra identidad puede desmoronarse bajo sus presiones.

Por lo tanto, es importante que reconozcamos la importancia de nuestros primeros años, las experiencias que vivimos y el impacto que tienen en la formación de nuestra identidad. Si abrazamos la verdad de Dios y hacemos de su palabra la piedra angular de nuestras vidas, podremos construir unos cimientos sólidos que resistan las tormentas.

"Pero todo el que escucha mi enseñanza y no la aplica a su vida puede compararse a un necio que construyó su casa sobre arena. Cuando llovió y llovió y vino el diluvio, con viento y olas que azotaban su casa, se derrumbó y fue barrida" (Mateo 7:26-27 TPT). Esta analogía dice mucho sobre la importancia de construir nuestras vidas sobre los sólidos cimientos de la verdad de Dios.

Al reflexionar sobre mi propio viaje, me doy cuenta que nunca es demasiado tarde para empezar a construir unos cimientos sólidos. El amor y la sabiduría de Dios están siempre a nuestra disposición, independientemente de dónde nos encontremos en la vida. Podemos optar por abandonar las arenas movedizas de las expectativas mundanas y, en su lugar, anclarnos en la verdad de la palabra de Dios. Uno de los aspectos más hermosos de las enseñanzas de Dios es su sentido práctico. No se trata de elevados ideales imposibles de alcanzar. Más bien están pensadas para guiarnos en nuestra vida cotidiana, ayudándonos a navegar por las complejidades y los retos a los que nos enfrentamos. Por ejemplo, cuando sentimos la tentación de juzgar duramente a los demás, las enseñanzas de Dios nos recuerdan que debemos mostrar compasión y comprensión. Cuando nos enfrentamos a decisiones difíciles, Su palabra nos proporciona principios para guiar nuestras elecciones. Cuando nos sentimos perdidos o abrumados, Sus promesas nos ofrecen consuelo y esperanza.

Es a través de la interiorización y la aplicación de estas verdades que verdaderamente experimentamos la transformación. No basta con conocer las enseñanzas de Dios; debemos dejar que arraiguen en nuestro corazón y moldeen nuestro carácter. Al hacerlo, descubrimos que nuestras vidas se alinean más con el propósito de Dios para nosotros. Ya no perseguimos las promesas vacías del mundo, sino que buscamos vivir de una forma que traiga gloria a Él. Comenzamos a dar prioridad al amor, la gracia y el perdón, reconociendo que éstas son las cualidades que verdaderamente importan. Así que, amigo mío, te animo a que des un paso atrás del caos del mundo y te tomes tiempo para construir tus cimientos sobre la roca de la verdad de Dios. Busca Su guía, estudia Su palabra y permite que Sus enseñanzas transformen tu vida. Al hacerlo, encontrarás paz, alegría y un sentido de propósito que supera todo lo que el mundo puede ofrecer.

A continuación se enumeran las tres escrituras de enfoque para meditar día y noche. Permítete memorizarlas con el tiempo, y escribe estas palabras en tu corazón.

Pilares escriturales de la identidad:

> Al que no tenía pecado, Dios lo hizo pecado por nosotros, para que en él nos convirtiéramos en justicia de Dios. 2 CORINTIOS 5:21 (NKJV)

> Mirad qué gran amor nos ha prodigado el Padre, para que seamos llamados hijos de Dios. Y eso es lo que queremos. *Juan 1 (NVI)*

> Pero nosotros somos un pueblo elegido, un sacerdocio real, una nación santa, posesión especial de Dios, para que anunciemos las alabanzas de aquel que nos llamó de las tinieblas a su luz admirable. (1 Pedro 2:9 NVI

LIBERTAD Y AUTORIDAD

La palabra "libertad" es una combinación de dos palabras, "libre" y "dom", que significan "dominio libre". Con la libertad viene la autoridad para hacer lo que Dios te ha llamado a hacer. Como sabemos cuando tenemos libertad en Cristo también tenemos autoridad porque él nos la imparte. La libertad no es una mera palabra, sino un concepto poderoso que encierra en sí mismo la esencia de la liberación y la autoridad. Es la llave que abre la puerta a nuestro verdadero propósito y potencial. En este hermoso viaje llamado vida, a menudo nos encontramos buscando algo más. Algo que nos libera de las cargas y limitaciones que nos agobian. Ese algo es la libertad. Cuando abrazamos la libertad en Cristo, comprendemos que no se trata sólo de ser liberados de la esclavitud, sino de entrar en nuestra vocación divina. Se trata de reconocer que se nos ha concedido la autoridad para cumplir el propósito único que Dios ha puesto dentro de cada uno de nosotros.

Dios, en su infinita sabiduría, nos creó para reinar y dominar libremente. Él nos diseñó para ser co-creadores con Él, construyendo un reino dentro de nosotros donde Él está en el centro. Es un regreso al Jardín del Edén, donde podemos caminar en armonía con nuestro Creador, cumpliendo nuestro propósito con alegría y plenitud. Para comprender plenamente la magnitud de esta libertad, debemos meditar sobre los principios espirituales que nos guían. Al sumergirnos en la Palabra de Dios, no sólo adquirimos comprensión, sino que también nos convertimos en lo que Él quiso que fuéramos. Su palabra se convierte en un ancla sólida en cada área de nuestras vidas, asegurando que nuestra percepción sea de victoria, independientemente de las circunstancias que enfrentemos. Así que, amigos míos, abracemos este don de la libertad. Caminemos con confianza en la autoridad y el propósito que Dios nos ha otorgado. Que se nos recuerde que somos co-creadores en este gran tapiz de la vida, y con Dios a nuestro lado, no hay límite a lo que podemos lograr.

En el reino de la libertad existe un profundo sentido de la autoridad. Es a través de la liberación concedida por el Hijo como llegamos a ser verdaderamente libres. Esta comprensión nos lleva a abrazar nuestra filiación, un aspecto vital de nuestra existencia. Es importante reconocer nuestra importancia como hijos de Dios, pues tal como Él es, así somos nosotros en este mundo. Como hijos del Todopoderoso, hemos sido liberados y dotados de poder y autoridad. Con esta nueva libertad, se nos confía la responsabilidad de liberar a los demás. Es un ciclo hermoso: gente libre, gente libre.

Comprender el concepto de filiación es primordial. Ya no somos esclavos, sino hijos e hijas del Dios vivo. Y con esta condición divina, nos confiere autoridad. Esta autoridad es indispensable; sin ella, estaríamos incompletos. Dios nos ha liberado de algo para algo, que es el propósito. Es imperativo interiorizar este principio de libertad y autoridad. El mero conocimiento intelectual es insuficiente; debe grabarse en nuestros corazones. Si nos limitamos a desear algo en nuestra mente sin que resuene profundamente en nuestro corazón, prevalecerán los programas profundamente arraigados de nuestros años de formación. Por ello, es importante implantar esta revelación en lo más profundo de nuestros corazones.

Abracemos, pues, esta concepción de la libertad y la autoridad. Regocémonos en el conocimiento de que somos hijos e hijas del Altísimo. Y con este conocimiento, ejerzamos nuestra autoridad para liberar a los demás de las cadenas que los atan. Porque con la libertad viene la autoridad, y con la autoridad podemos realmente marcar la diferencia en este mundo.

Jesús nos enseña que somos capaces de hacer cosas aún mayores en su nombre porque él ha ido al Padre. Por medio de Jesús, somos liberados de las cadenas de la esclavitud y llamados a cumplir el propósito que el Padre tiene para nosotros. Es importante entender y establecer firmemente en nuestros corazones que no podemos hacer nada separados de Dios. Cuando recibimos a Jesús, recibimos también al Padre, que nos capacita para llevar a cabo las tareas que Él nos ha asignado. Esta comprensión nos trae la verdadera libertad, y es crucial que asimilemos firmemente este concepto en nuestros corazones. Si vacilamos en nuestra comprensión y seguimos identificándonos como esclavos en lugar de hijos e hijas de Dios, nuestra mente puede llevarnos de nuevo a la esclavitud y a la incertidumbre en nuestro camino. Así que abracemos nuestra libertad con una mentalidad relajada y pacífica, sabiendo que en Él, tenemos la autoridad para cumplir nuestro propósito.

El objetivo principal de este libro ha sido convertirnos en ingenieros internos de nuestros corazones a través de las capacidades que Dios nos ha dado. Si devolvemos nuestros corazones a su entorno original de amor, identidad, libertad y promesas eternas, inevitablemente empezaremos a dar buenos frutos en nuestras vidas. Desde este lugar establecerás tu futuro.

Lo bueno de hoy es que mi pasado no tiene por qué dictar mi futuro. Puedo afirmar que "Dios usa todas las cosas para el bien de los que le aman y han sido llamados conforme a su propósito" (Romanos 8:28 NLT).

Imagina ser libre de tu pasado, libre del miedo, libre para convertirte en todo lo que Dios te ha llamado a ser, libre de la oscuridad, libre del juicio, libre de la esclavitud. Tu perspectiva y tu visión de tu futuro cambiarán radicalmente con estos versículos. Has creado unos cimientos inquebrantables. Es a partir de esta base inquebrantable que construirás tu nueva identidad en libertad.

Comprender tu verdadera identidad y que fuiste creado para amar son verdades que provocan libertad. Nos dirigimos hacia un futuro basado en la opinión que Dios tiene de nosotros, no en la opinión del hombre. Jesús habla de estos principios espirituales en Juan 8:32 (NVI) diciendo: "Entonces conoceréis la verdad, y la verdad os hará libres."

Como ya se ha dicho, la palabra "saber", en el griego original, es "kinosko". Esta palabra significa "Hacerse uno con". Meditar día y noche es transformar el reino natural y reconducir nuestra vida a nuestros escenarios originales, que son espirituales. La neurociencia lo denomina el arte de aprender. Se denomina efecto Zenón cuántico o QZE. Esta comprensión de la ciencia es significativa porque nos da la capacidad de ser intencionales en nuestro proceso de ingeniería interior.

Recuerdo que fui al oculista porque no veía bien y el médico me sentó en una silla y me puso unas lentillas en los ojos. El médico siguió cambiándolas, y cada cambio producía más claridad. Lo que estarás haciendo al meditar sobre estos principios espirituales es cambiar tu perspectiva y tus puntos de vista sobre la vida. Has ido cambiando día tras día, y todo se va aclarando. Recuerdo mi viaje, y mientras meditaba día y noche, vi un cambio significativo que cambió mi vida y la de los que me rodeaban. Ahora experimento la libertad porque he elegido volver a mi configuración original y terminar lo que Dios empezó desde el principio. Este es un momento muy alegre en mi vida. Estoy muy contento de tener la oportunidad de poner esto por escrito y ayudar a millones de personas a volver a su configuración original.

Permítanme terminar esta sección diciéndoles que Dios hará todas las cosas nuevas otra vez. Toma a los humildes para avergonzar a los sabios. (Véase 1 Corintios 1:27). No se trata de estatus, placas o títulos. Se trata de la sencillez de ser humildes ante Él y permitirle que reoriente nuestras vidas. Como un GPS, nunca llegaremos a otro destino a menos que cambiemos la dirección. Nuestros corazones son el GPS del alma, y todo lo que estás haciendo es introducir una nueva dirección para llegar a un nuevo destino.

A continuación se enumeran las tres escrituras de enfoque para meditar día y noche. Permítete memorizarlas con el tiempo, y escribe estas palabras en tu corazón porque poseen la libertad y la autoridad a las que Dios nos ha llamado.

Pilares escriturales de la libertad:

> En nuestra unión con Cristo Jesús nos resucitó con él para reinar con él en el mundo celestial. (Efesios 2:6 GNT)

> Como Él es, así somos nosotros en este mundo. (1 Juan 4:17 TPT)

> Os he dado autoridad para pisotear serpientes y escorpiones y para vencer todo el poder del enemigo; nada os hará daño. (Lucas 10:19 NVI)

PROMESAS ETERNAS

La palabra "eterno" significa "Que dura o existe para siempre; sin fin ni principio". Cuando Jesús estaba orando, declaró lo que era la vida eterna: "Y esta es la vida eterna: que te conozcan a ti, el único Dios verdadero, y a Jesucristo, a quien has enviado." (Juan 17:3 NVI) La vida eterna, abundante, próspera y llena de paz comienza el día que elegimos creer en Jesús. Nuestra configuración original comienza el día que elegimos poner nuestra fe en Jesús.

Cuando hablamos de eternidad, se trata de algo eterno. En este viaje, si estableces tu corazón y tu mente con los tres primeros principios de vida, este principio es para que las promesas fluyan en tu vida. Dios estableció promesas para nosotros para que podamos verlas y tener esperanza a través de ellas.

¿Cuáles son las promesas de Dios? Entre ellos están la paz, la alegría, la mente sana, el poder, la salud y la riqueza. ¿Has tenido carencias en estos ámbitos? Bueno, quizá muchas veces no vemos las promesas de Dios tan evidentes porque nuestros cimientos no están puestos en su verdad. Nuestros corazones se tambalean por todas partes basándose en señales externas y emociones que mueven nuestros núcleos debido a la falta de fundamento. Entonces empezamos a dudar si DIOS está con nosotros, Debemos estar cimentados en la verdad de Dios y sus promesas.

Es similar a un árbol. Sabemos que un árbol debe estar cimentado para que las raíces puedan sostenerlo mientras crece y, al cabo de un tiempo, dé frutos. Al igual que un árbol, debemos cimentarnos en su verdad para que las raíces penetren y, a su debido tiempo, el árbol dé fruto. ¿Cuáles son los frutos? Las promesas de Dios en nuestras vidas.

Creemos que Dios está con nosotros cuando somos buenos y nos abandona cuando somos malos. Esta duda es la asesina de las relaciones con el Padre. Cada vez que estamos mal, pensamos que el Padre nos abandona. Eso está muy lejos de la verdad, porque él está con nosotros hasta el día en que lo veamos por la fe. La duda lleva siglos robando a la gente. Si el enemigo puede hacerte dudar, él ha ganado y la certeza de las promesas de Dios en tu vida se ha ido a causa de este sistema de creencias vacilantes.

"Pero debe pedir [sabiduría] con fe, sin dudar [de la voluntad de Dios de ayudar], porque el que duda es como la marejada del mar que se agita y es zarandeada por el viento". (Santiago 1:6 AMP). Aquí el apóstol Santiago dice que la fe sin seguridad es nula. ¡Pedimos y no recibimos por culpa de la duda! Cuando dudamos, nuestras mentes no están alineadas con nuestros corazones. Por eso es tan esencial tener la Escritura en el corazón. Cuando tenemos seguridad e indudablemente alineamos nuestros corazones con lo que Dios dice en lugar de ser influenciados por las emociones, cuando la mente y el corazón están al unísono, es cuando la Palabra de Dios será dominante en tu vida. Nuestros corazones tienen que estar anclados en las palabras y promesas de Dios, sin vacilar a causa de las circunstancias externas.

La batalla está dentro de tu mente. La conciencia siempre vendrá contra nosotros para separarnos de Dios. Conocer lo bueno y lo malo nos mantiene en el juicio del yo, y lo hacemos muy bien. A menos que tengas la verdad de que Dios es para ti, entonces el juicio seguirá reinando en tu vida. Sin embargo, si descargas estas doce escrituras, serán como misiles scud para combatir tus emociones. Cuando el enemigo envíe flechas encendidas para destruirte, la Palabra saldrá disparada de tu corazón y destruirá las flechas en el aire antes de que te alcancen. Nadie saldrá herido, recuerda que el campo de batalla está en la mente.

En mis estudios sobre la antigua cultura judía tradicional, me di cuenta de algo muy importante. Un hombre no puede casarse con una mujer a menos que construya su casa. Normalmente, el padre enseña a su hijo a construir la casa. La construcción de una casa consta de tres pasos. Primero hay que empezar por los cimientos. Unos cimientos sólidos consisten en cavar un hoyo y verter concreto sobre ello. Una vez que se ha solidificado, entonces se construyen los muros. Por último, se construye el tejado y se colocan las ventanas en la casa. Muy a menudo nunca llegamos a ver las eternas promesas de Dios de paz, prosperidad, salud y riqueza. ¿Por qué? Porque no sentamos las bases adecuadas. La razón es que nunca nos enseñaron a hacerlo. Cuando fijamos nuestra mirada en Jesús e interiorizamos sus verdades en nuestro corazón, se crea un fundamento sólido para nuestra vida.

Otra razón por la que no vemos las promesas es porque no comprendemos que Dios está con nosotros. No es sólo para nosotros, sino en nosotros. Hay que establecer esa verdad profunda en nuestros corazones. Nos dieron el tejado, las ventanas y los adornos, pero nunca nos enseñaron cómo establecer los cimientos para poder construir la casa. Los tres versículos siguientes son clave para nuestro crecimiento. Las promesas eternas son las que son para siempre. Nunca cambian, nunca cambian y siempre están disponibles. Las promesas eternas son el pegamento que nos mantiene unidos. ¿Has usado alguna vez Kola Loka? Mantiene unidas cosas que normalmente son difíciles de unir. Los tres versículos siguientes son el pegamento que mantiene todo unido. El hecho que si él está con nosotros, nadie puede oponerse a nosotros es una poderosa verdad eterna que reside en nosotros hasta el día en que lo veamos.

A continuación se enumeran las escrituras de enfoque para meditar día y noche. Permítete memorizarlas con el tiempo, y escribe estas palabras en tu corazón.

Pilares bíblicos de promesas eternas:

Nunca te dejaré; nunca te abandonaré. (Hebreos 13:5 NVI)

Si Dios es para nosotros, ¿quién puede estar contra nosotros?" (Romanos 8:31 NIV)

Así que no temas, porque yo estoy contigo; no temas, porque yo soy tu Dios. Yo te fortaleceré y te ayudaré; te sostendré con mi diestra justa. (Isaías 41:10 NIV)

En el fondo de nuestros corazones hay un campo de batalla, donde las emociones y la verdad chocan en una lucha interminable. Es un lugar en el que nuestra mente se ve abrumada por el maremoto de sentimientos, y la razón se ahoga en el caos. Pero hay una forma de cambiar el juego, de inclinar la balanza del poder a nuestro favor. Comienza con el acto de descargar las escrituras en lo más profundo de nuestro ser. Estas palabras sagradas, impregnadas de sabiduría divina, tienen el poder de transformar nuestros corazones y nuestras mentes. A medida que las interiorizamos, se convierten en algo más que meras palabras en una página; se convierten en un escudo, una espada y una fortaleza contra la embestida de las emociones. No se trata de una mera comprensión intelectual, pues el conocimiento por sí solo no puede resistir la tempestad de las emociones. No, se trata de algo más profundo. Se trata de permitir que estas escrituras penetren en nuestros corazones, que se conviertan en parte integrante de nuestro ser. Se trata de cultivar un corazón de conocimiento que supere el mero conocimiento de la cabeza. Cuando nuestros corazones están plenamente comprometidos en esta batalla, sucede algo increíble. La verdad, antes eclipsada por nuestras emociones, ahora sube a la superficie con una fuerza imparable. Se convierte en la fuerza motriz de nuestros pensamientos, nuestras acciones y nuestras decisiones. Nos capacita para mantenernos firmes ante la adversidad, superar los obstáculos y caminar en la plenitud del poder de Dios.

Así que, amigo mío, oro para que estos principios que he compartido contigo hoy sirvan como la pieza final de tu fundamento bíblico. Que te anclen en una fe inquebrantable e inamovible. Que te lleven a encontrar las promesas eternas de Dios en tu vida, y que camines en el poder victorioso que proviene de un corazón totalmente rendido a la verdad. Respira hondo, amigo mío, y deja que estas palabras calen hondo en tu ser. Permíteles transformar tu corazón, renovar tu mente y guiar tus pasos de vuelta a tu configuración original. En esta batalla de la mente, deja que la verdad sea tu brújula, y deja que el poder de Dios dentro de ti sea tu fuerza.

Printed in the United States
by Baker & Taylor Publisher Services